100000 ?

中华文化
十万个为什么

5

文化精华 上

蒋成峰 包学菊
徐秋琴 续文嘉
李洁 姜晓松
陈然 撰写

中华书局

图书在版编目（CIP）数据

文化精华．上/蒋成峰等撰写．—北京：中华书局，
2013.9（2016.10 重印）

（中华文化十万个为什么）

ISBN 978 - 7 - 101 - 09541 - 8

Ⅰ.文… Ⅱ.蒋… Ⅲ.①中华文化 - 青年读物
②中华文化 - 少年读物 Ⅳ.K203 - 49

中国版本图书馆 CIP 数据核字（2013）第 171534 号

书　　名	文化精华（上）
撰 写 者	蒋成峰　包学菊　徐秋琴　续文嘉
	李　洁　姜晓松　陈　然
丛 书 名	中华文化十万个为什么
责任编辑	罗明钢
出版发行	中华书局
	（北京市丰台区太平桥西里 38 号　100073）
	http://www.zhbc.com.cn
	E-mail：zhbc@ zhbc.com.cn
印　　刷	北京天来印务有限公司
版　　次	2013 年 9 月北京第 1 版
	2016 年 10 月北京第 3 次印刷
规　　格	开本/700×1000 毫米　1/16
	印张 12½　插页 2　字数 100 千字
印　　数	11001 - 13000 册
国际书号	ISBN 978 - 7 - 101 - 09541 - 8
定　　价	22.00 元

出版说明

为什么过年放鞭炮？为什么重阳要登高？为什么额前的头发叫"刘海"？为什么乱涂乱画叫"涂鸦"？……生活中，我们会遇到很多这样的问题，乍一看平平常常，但要把来龙去脉说得明明白白，却未必那么简单。

就像每一条溪水都有源头，每一个今天的现象，都有历史的影子。了解现象，探究过去，能满足我们的好奇心；而一个"为什么"的解答，会牵出新的"为什么"，许许多多的"为什么"，消长连缀，可照出整个中华文化的轮廓——我们愿与读者分享这样的体验：寻找，回答，联想，生发。因此，我们推出了"中华文化十万个为什么"丛书。

本套丛书本着知识性、趣味性、时代性的原则，专注于解答与中华传统文化有关的问题，编写时按照专题、领域进行分类，分别为华夏历史、地理名胜、礼仪称谓、中华智慧、神话传说、多彩汉语、人文思想、文苑英华、文化精华(2册)、民俗风情、节日节气、体育娱乐、科学发明、军事外交、园林建筑、衣食住行、学习教育、缤纷艺术、身体生命。共计20册，分辑推出。

丛书以"一问一答"的形式呈现。设问力求生动有趣、简洁通俗，贴近当代读者的阅读需求。回答注重知识性与趣味性，语言风格明快活泼，不做繁琐考究，适量引用古代经典，在原题的基础上有所扩展。

问答配有插图与图注，让读者更直观地了解相关的历史文化知识。

生僻字词标出汉语拼音，配以简注，帮助读者扫清阅读障碍。

本套丛书由精通中华文化、乐于分享知识的专业人士协力完成，感谢他们辛勤而有益的劳动。

中华书局编辑部
2013年9月

目录

1

中国人自称为"龙的传人"，龙真的是我们的祖先吗？中国龙和侏罗纪的恐龙一样吗？

有一首歌叫《龙的传人》，歌中唱道："古老的东方有一群人，他们全都是龙的传人，巨龙脚底下我成长，长成以后是龙的传人，黑头发黑眼睛黄皮肤，永永远远是龙的传人。"我们中国人的祖先真的是龙吗，世界上真的有龙这种动物吗？如果有的话，是不是来自侏罗纪的恐龙呢？

提到中国的龙，还得从遥远的原始时代说起。那时候人类还处在蒙昧时期，自然界各种各样的危险事物：风雨雷电、狼虫虎豹都可能给人造成伤害。面对这种种潜在的危害，人类除了利用自己日益增长的智能，发明各种工具与它们对抗之外，还一直幻想着有一种超能力来帮助他们，庇护他们。那么，这种超能力究竟来自于哪里呢？那时候人们还没有神的观念，只是觉得很多日常见到的动物都具有某种自己不具备的本领：鸟会飞，鱼会游，老虎、狮子都有锋利的牙齿……所以每个原始部族都喜欢在这些动物中寻找自己的"亲戚"，有的甚至认为自己这个部族就是某种动物的子孙。如商朝的统治者就认为自己的祖先吃了一个鸟卵后生下了孩子，

红山文化玉龙

红山文化玉龙现藏中国国家博物馆，有"中华第一龙"的称誉。玉龙呈墨绿色，体卷曲，平面形状如一"C"字。龙首较短小，吻前伸，略上噘，嘴紧闭，鼻端截平，端面近椭圆形，以对称的两个圆洞作为鼻孔。龙眼突起呈梭形，前面圆而起棱，眼尾细长上翘。颈背有一长鬣（liè），弯曲上卷，占龙体三分之一以上。玉龙形象带有浓重的幻想色彩，已经显示出成熟龙形的诸多元素。

后来繁衍出了他们部族的人。这些原始部落的人把这些动物当作自己的祖先,成为自己部落的守护神,在和别的部落打交道的时候就以这些动物的形象作为自己部落的标志,这就成为所谓的"图腾"。

最早的时候,原始部落很多,每个部落都有自己的图腾。如果各个部落召开联盟会议的话,每个部落都举着自己的图腾,想想当时的情景,会场差不多快要成为动物园了。可是部落之间总免不了发生争战,有的时候为了避免战争,干脆采取和平的方式合并成更大的部落。而合并后的大部落就只能采用几种动物的组合体形式作为图腾了。龙图腾应该就是这样产生的。现在我们看到的龙的形象基本上是这样的:身体总体上像一条大蛇,但是长着牛的脑袋、鹿的犄角、龟的眼睛、鱼的鳞片和须子、鹰的爪子、老虎的脚掌。这样的动物在自然界中是不存在的,只能是部落图腾融合的结果。

至于现实世界中真实存在过的恐龙,它们生活在中生代,是一种体型庞大的爬行动物,距今7000万年以前就已经灭亡了。虽然现在我们可以通过一些化石来还原它们的形象,但我们人类的历史最长不过两百万年,所以即便是我们最早的祖先也无缘见到最后的活恐龙。我们是龙的传人,只是说我们祖先的图腾是龙,和恐龙一点儿关系都没有。

汉代龙纹瓦当

秦汉时期儒学开始宗教化,道家羽化升仙的思想渐浓。龙纹开始作为四灵神的图像出现,也就是我们今天所说的"青龙、白虎、朱雀、玄武"中的青龙形象,形态以兽身为主,躯体较短,似虎似马,颈长尾细。这一时期大帝国的威势在"秦砖汉瓦"上表现得尤为淋漓尽致。

2 汉服、唐装、长袍、中山装……到底哪种才是真正的"国服"？

我们看古装电视剧，经常会被电视剧里的戏服所吸引：宽大的袖子、飘逸的裙摆……细心的观众也许会发现，其实不同朝代的服饰有很大的不同，中国传统服饰经历了一个历史变革的过程。

据《史记》记载，华夏衣裳为黄帝所制："黄帝之前，未有衣裳屋宇。及黄帝造屋宇，制衣服，营殡葬，万民故免存亡之难。"在清代以前，中国的传统服饰主要的特点是交领、右衽，不用扣子，而用绳带系结。我们习惯把这样的传统服饰叫做"汉服"。汉服的主要形制有"上衣下裳"制、"深衣"制（把上衣下裳缝连在一起）、"襦裙"制（襦为短衣）、"通裁"制（长衫、外披）。这样的服饰特点始于周朝，止于明朝。期间3000多年，中华民族的传统服饰制度改变并不大。汉服也是华夏礼仪的重要组成部分，"华夏"这一名称的由来，也与汉服有关。《左传正义·定公十年》说道："中国有礼仪之大，故称夏；有章服之美，谓之华。"可见汉服对于华夏文明的影响。

而在明朝覆灭后，清朝统治者推行满族的发型和服饰，禁止人们穿戴汉族服饰，史称"剃发易服"。

我们今天看到的旗袍、长袍、马褂等服饰，

1986年江苏徐州西汉墓出土的西汉彩绘陶仪卫俑：穿右衽交领袍（深衣）

其实是满族民族服饰的改良和发展，并非真正意义上的汉民族服饰。

我们今天所说的唐装和唐代的服装完全不是一回事。唐代的服装与汉服类似，没有很大的变化，也是交领、右襟、系带、无扣。今天的唐装是从清朝满族服饰马褂发展而来，特点是立领、对襟、盘扣，并融入了西式裁剪技术，如在肩部接袖等。

辛亥革命推翻满洲贵族的统治之后，孙中山认为当时的服装不足以显示辛亥革命成果，同时他也认为应当有一个代表辛亥革命成果的服饰，于是孙中山先生便结合西服和一些特殊含义创造了中山装。孙中山还阐述了该服装的思想和政治含义：衣服外的四个口袋代表"国之四维"（即礼、义、廉、耻）；前襟的五粒纽扣和五个口袋（一个在内侧）分别表示孙中山先生的五权宪法学说（五权即行政权、立法权、司法权、考试权、监察权）；衣领为翻领封闭式，表示严谨的治国理念；衣袋上面弧形中间突出的袋盖，笔山形代表重视知识分子，背部不缝缝，表示国家和平统一的大义。

如今很多人提倡复兴汉服，其实也就是提倡恢复清朝以前中华民族的传统服饰。

3

北京奥运会的火炬设计为什么要用"祥云"图案？

北京奥运会从会徽、奖牌、火炬，到开幕式中的各项表演，都充分地运用了中国元素，体现了中国特色。相信大家对这些一定还都印象深刻，也一定还记得我们创意十足的祥云火炬。火炬的造型像传统的纸卷轴，上半部分银底红纹，祥云图案和立体浮雕式的工艺设计使整个火炬显得高雅而庄重。

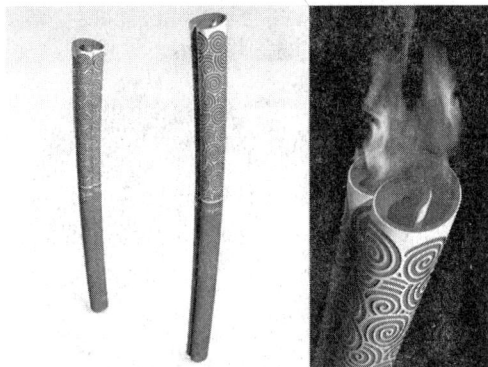

北京奥运会祥云火炬

祥云图案能够从众多中国元素中脱颖而出，自然是有它的"本事"的。"祥云"，顾名思义，就是吉祥的云彩。云是我们每天抬起头就能看到的寻常的东西，怎么就有了这样的寓意呢？古人总是有着善于发现美的眼睛，还有那永远承载着美好祝愿的心灵。在他们眼中，云是神奇的东西——它变幻无穷，没有固定的形态，它高高地飘荡在空中，与人类相隔遥远；它自由而神秘的样子引人遐想，云的聚集往往伴随着雨雪雷电，这又让古人对它心存敬畏。渐渐地，云承载了人们美好的心愿，成为了吉祥和高升的象征。我们的祖先很早就开始使用云纹了，周代中晚期的楚地已经出现了云纹装饰的图案。到了秦汉时，云纹更成为了一种普遍的时尚，在建筑、雕塑、家具、器皿、图画中都能看到它的身影，它的形态也更丰富多彩，更具抽象色彩和审美趣味。

千百年来，云纹作为一种吉祥纹案，得以代代相传。不同时期，往往有不同的云纹图案诞生和流行。比如商周时期的"云雷纹"，先秦时期的"卷云纹"，楚汉时期的"云气纹"等等。它们的形态虽然不尽相同，但都有一个共同的属性，那就是具有一种旋转的动感。从奥运祥云火炬上，我们就能很清楚地看到这种特点：一朵朵云彩卷曲旋转，雅致之中又有着活泼的动感。这种美，真可以说是千百年来中华民族审美艺术创造的结晶。

在古代，祥云也指传说中神仙所驾的彩云。古人认为云是上天的造物，象征着天界仙气，所以有仙佛的地方，往往就有祥云。著名的敦煌壁画，就见证着祥云图案的千年历史。在这里，祥云几乎随处可见，无论是在飞天壁画中，还是在建筑装饰画中，我们都能看到不同形态的祥云图案。说到这里，不知你是不是也想起了电视剧《西游记》里面帮助孙悟空降妖除魔的各路神仙、菩萨，他们每次不都脚踏祥云，或者祥云缭绕地下凡来吗? 对了，还有孙悟空那神奇的筋斗云，也和祥云有着很深的渊源!

战国卷云纹漆盒

卷云纹是我国古老纹饰之一，起源于战国，秦时得到进一步发展，是汉、魏时代流行的装饰花纹之一。通过粗细、疏密、黑白和虚实等对比手法，由卷曲线条组成对称的图案，大都作为瓦当或器物上的边饰，寓示着高升和如意。

4 俗话说: "君子动口不动手。"那么到底什么样的人才称得上君子?

话说有一次，著名京剧大师梅兰芳见到国画大师张大千先生，说: "我是君子，您是小人。"闻听此言，张大千一下子变了脸色，以为自己做了什么影响声誉的事情。见此情景，梅兰芳不紧不慢地补上一句: "因为啊，我只是动口，而您是要动手的。"张大千这才明白，梅兰芳是在开玩笑，想一想这话又实在很好玩儿，不禁开怀大笑起来。

平时我们也总用"小人"来说那些自私自利的人，而用"君子"来指那些品德高尚的人。但到底什么样的人才算得上君子，什么样的人就是小人呢？

实际上，最早的"君子"差不多就是统治阶层的人，他们负责文化教育社会管理等等"劳心"的工作，而"小人"则最早是指从事体力劳动的普通百姓。这样说来，"君子动口，小人动手"实际上就是说，君子负责指挥，小人具体做事，这其实只是社会分工的不同，没有什么道德评价的含义。不过到孔子那个时代，由于孔子的理想就是要让统治者具有更高的品德，或者说只有具有优秀的道德品质才可能成为统治者。从此之后，"君子"就变成了具有美德的人。只要具有美德，即使社会地位不高，也是君子；反过来，如果品德不高，即使是统治者，也会被称为"小人"。

那么，在孔子看来，君子应该具有哪些品德呢？我们不妨整理一下。孔子说："君子喻于义，小人喻于利。"君子看重的是德行，小人看重的是利益。这恐怕是最重要的、最基本的一条，一个人只要把道德价值看得比个人

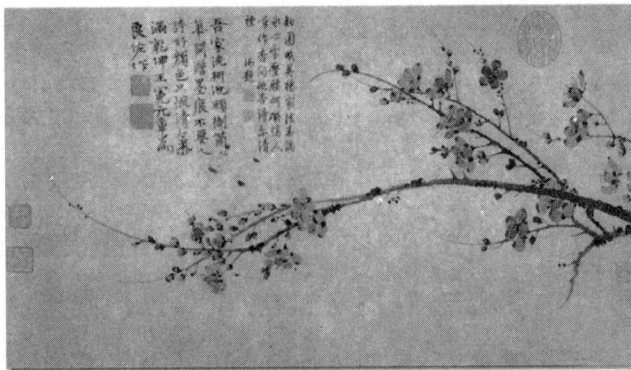

元代王冕《墨梅图》

梅兰竹菊被誉为花中四君子，是中国画经常表现的题材，代表文人的追求与气节。据相关资料记载，南北朝时梅花已经在绘画中出现，宋朝时画梅成了一种风气，元代画家王冕有一幅存世名作——《墨梅图》。赵孟頫是当之无愧的墨兰代表画家；苏轼、郑板桥是表现墨竹的代表人物；元朝柯九思、明朝吴门画派都画过菊花，且有存世名作。

利益更重, 就肯定是个高尚的人。在这个基础上, 孔子还谈到了君子和小人其他的一些区别, 如: "君子坦荡荡, 小人长戚戚。"在性格表现上, 有德行的人总是光明磊落, 不会遮遮掩掩, 扭扭捏捏; 而那些自私自利的人却总是因为自己的利益得不到满足而心怀不满, 总是有怨言。还有: "质胜文则野, 文胜质则史。文质彬彬, 然后君子。"作为一个有德行的君子, 不能过分粗俗、不修边幅, 也不能过分修饰、假模假式, 应该讲究从内到外的优雅、从容, 这才是君子该有的形象。

孔子的这些话, 深刻影响了中国人的道德观。凡是有道德的人, 不管是不是读书人, 都希望自己成为一个真正的君子, 而"君子"也成为对人很高的正面评价。同样, "小人"也就成了骂人的话。任何时代都有君子, 也都有小人。新时代中, "君子"的可贵精神品质同样值得发扬。

5

"社"是土地神, "稷"是谷神, 它们合起来比皇帝还重要, 这是为什么?

社, 就是土地神, 老百姓习惯称之为"土地老爷"。古代几乎每个村子都会建一个土地庙, 供奉土地神。土地庙前面通常有一个较为空旷的地方, 形成一个小广场, 这个广场周围会种上一些大树, 很适合小孩子们在这里玩耍、做游戏。不光是小孩子, 每年的春天和秋天大人们也都要举办十分隆重的祭祀仪式。仪式完毕之后, 大家开怀畅饮, 一直喝到傍晚才东倒西歪地往家走。很多时候还要举办十分热闹的晚会, 主要是上演一些杂耍、滑稽戏之类的节目, 大家都可以参与, 特别热闹,有点像现在西方的狂欢节。不过不叫狂欢节，而叫"社火"。青年男女利用这个机会相亲、约会，也有不少趁机私定终身的，这叫做"社会"。看来，这个"社"，既是人们赖以立足的土地之神，又象征着在土地上生活着的富有生命活力的人群。其实，这已经暗含了国家的意思了。

而"稷"则是谷神。我们的祖先很早就开始了农业生产，在黄河流域，先民们最早种植的粮食之一就是稷，也叫糜子、黄米。这种粮食产量比较稳定，吃起来口感很好，先民特别喜欢，就把它作为"五谷之长"。久而久之，稷就成了五谷之神，可以保佑粮食丰收。

对于古代统治者来说，一个国家最重要的东西，无非就是土地、人口、粮食，有了这些，就有了一切。所以，历朝历代的皇帝在建立自己的政权的时候，第一件事甚至不是修建宫殿，而是建立社稷坛，他们认为只要获得了土地之神和五谷之神的庇佑，天下差不多就稳当了。同样，如果要推翻一个政权，也首先要毁掉它的社稷坛，让它失掉最重要的神灵的支持。现在北京的中山公园还保留着过去明清两朝的社稷坛。据说当年每逢春分时节，皇帝都要亲自到社稷坛来拜祭，在五色土上象征性地"耕种"一番，以便向天下宣示国家对农业的重视。

实际上，"社稷"很早就已经成了国家的代名词了。例如孟子就曾经说过一句让人很震惊的话，他说："老百姓最重要，国家政权（社稷）次之，皇帝最不重要。"这话

位于北京中山公园内的社稷坛

现在听起来好像没什么，但是早在两千五百年前，说出这样的话实在是需要一点勇气的。因为他明确提出了社稷（国家）和皇帝不是一回事，老百姓是国家的根本，保佑我们的神灵也非常重要，而皇帝在百姓和国家面前，只能说是次要的了。当皇帝非常昏庸的时候，如果当朝有一个正直的太后或果敢的大臣的话，他们时常会说为了"社稷江山"，为了祖宗基业，不得已而废除皇帝，另选他人继位。可见，社稷的确比皇帝还重要。

很多大臣，也会在自己受到来自皇帝或上级的不公正待遇时，仍然对国家怀有赤诚之心，这种大臣常常会被写进史书，成为所谓的"社稷之臣"。

6 我们国家什么时候有了"中国"这个名字?

我们的祖国是中国，中国有五千年的文明史，五千年来我们中国的文明传统从来没有中断过。这些话，相信大家都耳熟能详。可是你有没有想过，我们这个国家为什么要叫"中国"？"中国"这个名字是一直就这样叫的吗?

其实"中国"这两个字在历史上本来并不是我们这个国家的名字，而多用来指一个区域，主要是黄河流域的中原地区，也就是现在的河南、陕西等地。这些地方是华夏民族最早的聚居地，很早就开始了农业生产，人们的生活安定富足，也有余力从事文化教育，所以文明程度就比周围的游牧民族要高，由此，中原人就有了一定的优越感，觉得自己是世界的中心，自己所处的地方就是世界的中央，这种思想一直影响了几千年。

秦代统一六国之后，人们心理上的国家概念也随之扩展，拥有了东到大海，西到甘肃，南到广西，北到长城的广大区域，这个区域差不多就和古人心理上的世界（"天下"）相等了。这个时期，"秦"是国名，而"中国"只是"秦"的一部分。

与地域概念相应的是民族的概念。从先秦时代中国人就自称为"华夏"。"华"就是"花"，意思是我们的服饰很漂亮；而"夏"就是"雅"，意思是我们的礼仪很雅正。和那些游牧民族相比，这样的称呼倒的确体现了农耕文明的特点。同时也可以看出，所谓"华夏"其实更多地是一种文化上的认同而不是一种血缘上的关系。因此，几千年来，随着周边少数民族不断地接受、融入中原文化，渐渐地也都成了"华夏"的组成部分。而"华夏"、"中华"慢慢地就变成了我们的固定身份，不随朝代变迁而改变。

在历史上，汉代的版图基本上和秦代一样，而且国力更加强大，所以"汉"便成了我们民族的代称，并且一直到现在，我们都自称是汉族，我们说的是汉语，写的是汉字。

除了汉代以外，我国历史上最引以为傲的朝代就是唐朝，但唐朝人也不会说自己是中国人，而是自称"唐人"，所以现在我们在国外的

全球唐人街中最高大的牌坊——华盛顿唐人街牌坊

华人聚居区还被称为"唐人街"。

到了近代，辛亥革命成功后建立了"中华民国"，简称"中国"。
1949年后，新成立的"中华人民共和国"的简称还是"中国"。所以，
"中国"这两个字作为真正意义上的我们国家的名称，其实不过100多
年的历史。

7 黄河泛滥给沿岸居民带来了灾难，为什么我们还说黄河是中华民族的"母亲河"？

"黄河落天走东海，万里写入胸怀间"，李白的诗句传神地写出了
黄河非凡的气势。就像歌里唱的："虽不曾听见黄河壮，澎湃汹涌在梦
里。"即使没有亲眼见过黄河的壮美，身为中华儿女，你一定也对"母亲
河"充满了亲切感和熟悉感。但我们又时常听到黄河泛滥居民受灾的
消息，这样"有脾气"的"母亲河"，我们为什么还要敬爱她呢？

黄河就像一条巨龙，蜿蜒横亘在中国的北方。黄河流域是华夏族的
发源地，是中华文化的摇篮。今天，我们登上黄土高原，看到满眼的沟
壑纵横，可能会产生怀疑：这样的自然环境，如何能够孕育华夏文明？
殊不知几千年前，今天的山西、陕西、甘肃、宁夏等地分布着大片森林。
借《孟子》的话说，当时黄河流域"草木畅茂，禽兽繁殖"，绿树成荫，
是飞禽走兽的乐园。就是在这片曾经苍翠的土地上，诞生了充满生机的
中华文明。秦汉以后，气温转寒，暴雨集中，使得本就结构松散的黄土
更易流失；人口增长、生产力发展，人们开垦放牧，植被的破坏更加剧

了自然环境的恶化。

黄河流域的黄土，适合开掘窑洞，肥力充足。我们的先祖很早就在这里居住、耕种。早在石器时代，黄河流域就是文明发展的中心。今天的黄河沿岸，已经发现了包括约150万年前的山西西候度猿人、约100万年前的陕西蓝田猿人和约30万年前的陕西大荔猿人等在内的众多文明遗迹。到了公元前5000多年，黄帝、炎帝的部落在此兴盛，悠久的华夏历史和灿烂的中华文明，开始在这片黄土地上书写下新的篇章。随后，中国第一个王朝夏朝在此建立，拥有近800年历史的周朝在此绵延，

位于陕西的蓝田猿人遗址，石碑上方是蓝田人头部雕塑，石碑上刻有"蓝田人头骨出土处"的文字。

一统天下的大秦帝国在此勃兴……秦皇汉武、唐宗宋祖、成吉思汗，这些英雄人物，在建立和经营着自己的帝国的同时，把黄河流域的中华文明推向了一个个高峰，无论是"四大发明"，还是唐诗、宋词、元曲，它们都是黄河水滋养下诞生的文明硕果。

黄河决堤泛滥，是自古就有的忧患，据说在过去的两三千年间，黄河"三年两决口，百年大改道"，两岸居民受尽黄泛之苦。黄河因水中多泥沙，河水浑黄而得名。泥沙沉积，河床淤高，是黄河泛滥的一个重要原因。黄河流域的降雨量多集中于夏、秋两季，在暴雨袭击之下，水量巨大，泥土冲刷加剧，洪水也就更容易发生。新中国成立后，国家在黄河治理上采取了许多有效的措施：保护和恢复植被，修筑和加固堤坝，大

力修建水利枢纽。数管齐下，已取得了可喜的成果。黄河长久地哺育了中华民族，现在或许就是我们"反哺"黄河这条"母亲河"的时候了。

8

为什么太极图要画成一黑一白两条鱼的形象?

生活中，我们常常听到"太极"这个词，比如"太极拳"、"太极剑"、"太极图"。很多中老年人都喜欢在清晨打上一会儿太极拳，练完后顿时会觉得周身轻松，神清气爽。相信大家对"太极图"也很熟悉，由一黑一白抱在一起的两条鱼组成的图案就是"太极图"。

太极图，又叫阴阳鱼图。那么，何为阴阳呢? 阴阳的概念，源自中国古人的自然观。古人观察到大自然中存在很多对立但又互相联系的现象，如昼夜、天地、男女、上下。你看，阴阳鱼图中的两条鱼，一白一黑，是不是一个像白天，一个像黑夜? 后来，古人以哲学的思想方法抽象出"阴阳"的概念。

那"太极"又是什么? 这就不得不提到我国古代极重要的哲学经典《周易》，也叫《易经》。《周易》说道:"易有太极，是生两仪，两仪生四象，四象生八卦。"也就是说，世间的万物存在、成长与变化，都有一个总的根源，自然界中万物的发展变化都有一种内在的生命力，这种强大的力量使幼苗成长为参天大树，使昼夜不停更替，使人体、社会乃至宇宙运转不息。这种无形的力量创造了有形的世界，充溢于宇宙的每一个角落，是我们的生命之本、文明之源，这就是"太极"。

太极图中最外圈的圆形，就代表着"太极"，将它画为圆形是意味着"太极"周流不息，无始无终，而且无所不包，无处不在。图中的"S"型曲线，象征着"阴阳"两分，表示万事万物都包含相辅相成、无法分割的两方面。这一阴一阳的两方面，此消彼长：阳极生阴，阴极生阳，二者互为其根，生生不息。阴阳两条鱼的眼睛，则代表阴中有阳，阳中有阴，即使是阴阳本身也不是一成不变的，世界上事物的阴阳也都是相对而言的。

太极图

阴阳鱼太极图将阴阳的关系展示得惟妙惟肖，宇宙无限广大，世间万物也都运动不息，动则产生阳气，动到一定程度，便出现相对静止，静则产生阴气，如此一动一静，阴阳之气互为其根，运转无穷。自然界中的万物，无不包含着"太极"的道理。四季寒暑的变化，昼夜星辰的运转，乃至人的生老病死，都是在宇宙的规律中此消彼长，生生不息。这一黑一白，一阴一阳，包括了世界上所有有形无形的事物和现象。

看似简单的一黑一白两条鱼，原来蕴含着如此博大而精深的道理。

9 我们称打听小道消息的人很"八卦"，真正的"八卦"到底是什么呢?

我们现在经常把与明星有关的小道消息称作"八卦"消息或者"八

离

巽 坤

震 兑

艮 坎

坎

八卦图

卦"新闻，也说喜欢打听明星或是朋友小道消息的人很"八卦"。其实，这样的说法最早源于我国的港台地区，并不是传统意义上的"八卦"。

在很久很久以前，中国的西北部有一个美丽而神秘的地方——华胥，这里的人民生活得快乐安逸。一天，华胥国里一个美丽的华胥姑娘无意中来到一个湖泊旁，她看到湖旁有一个巨大的脚印，很是好奇，就用自己的脚去踩了一下这个脚印，竟不知不觉感应受孕。原来这个脚印是雷神留下的，之后，华胥氏生下了一个儿子，取名伏羲。伏羲喜欢观察天地万物，并凭借敏锐的观察力和过人的聪明才智，发明了一套符号来表示世间万物及其发展变化，这就是"伏羲画八卦"的故事。这虽然只是一个传说，但是它却告诉我们了"八卦"真正的含义：用来象征各种自然现象和人事现象的符号。

在这样的符号系统中，"—"代表阳，"- -"代表阴，用三个这样的符号，可以组成八种不同的形式，即"八卦"。每种卦形代表不同的事物，反映了万事万物的发展与联系。八卦分别为：乾、坤、震、巽、坎、离、艮、兑，分别象征天、地、雷、风、水、火、山、泽八种自然物或自然力。在这八种自然力协调和谐的作用下，阴阳消长，万物生息。关于"八卦"，《周易》一书做了详细的记载。

在《周易》产生的早期，由于生产力低下，很多自然现象无法解释，人们就利用《周易》进行占卜，预测福祸，从而得到行为准则。但是到了汉朝以后，人们也开始研究书中包含的哲学道理，统治者也开始重视这部典籍，使得《周易》由原来的占卜之书成为官方安邦治国、修身养性的经典，被称为五经之首（五经指《诗经》、《尚书》、《礼记》、《周易》、《春秋》）、大道之源。

10 在鲁迅小说《故乡》中，闰土的命相是"五行缺土"，这是怎么回事？

五行即金、木、水、火、土，是上古先民对自然的认识和解释。它最初是指与人们劳动和生活密切相关的金、木、水、火、土五种物质材料，这些是人们生活的基本资源。古人认为整个世界就是由这五种基本物质材料构成的。

五行思想的产生源于农业和手工业实践。当时的农业生产从治水开荒到耕作收获，都离不开水火木金土五者。五行中以水为先，可能跟大禹治水有关，通过治水，人们对水的性质和作用，以及它与土（农田）、木（作物）的相互关系有了更深的了解。另外，当时手工业生产，从制陶、治铜，到纺织、器械制作等，主要原料皆由土金木三者构成，制作过程更离不开使用水与火，用这五者便可制造出形形色色的器具。《左传》中说"天生五材，民并用之，废一不可"，这都是就制作器物而言的，反映人们当时只是把它们当作五种重要的材料。后来人们把农业和手工业上得来的认识结合起来，将这五种物质作为构成万物的最基本成分，推广去观察整个自然界，用这五种元素之间的相互关系，来解释千变万化的自然现象，于是便演化形成了阴阳五行学说。

五行相生相克图

另外，人们还认为：水生木，木生火，火生土，土生金，金生水，它们可以互相生成化育，即"五行相生"；同样，木克土，土克水，水克火，火克金，金克木，它们则互相制约，互相克制，即为"五行相克"。

信奉阴阳五行学说的人认为，世界万物都具有阴阳两性，五行的相生相克会引起阴阳变化。这也是他们认识世界万物的依据。除了世间万物，人本身是世界的一个缩影，同世界的多变相对应。所以，古人认为由一个人的出生年、月、日、时所含阴阳五行之气可测知某人一生的命运。人身是由五行和合而成，他出生时太阳的光线、地球的引力、星宿的位置、气候的不同等多种现象决定了五行在人身上产生的不同禀性。

因此，人们认为要了解自己的命相，发展有利的因素，克制不利的因素，可以拥有一个比较好的前程。鲁迅小说《故乡》里的闰土就是因为八字上"五行缺土"，因而起名为"闰土"。然而，生活在旧社会的下层平民闰土的命运并没有因为这个人们认为吉利的名字而改变，生活反而过得"辛苦麻木"。因此，利用阴阳五行求得人生美好的前程，不过是古人追求美好生活的愿望而已。

11

中国人常说"家和万事兴"，"家"为什么那么重要？

"家和万事兴"是中国人常常挂在嘴边的祝福语，这句话的意思其实很简单，就是说只要一个人的家庭和和睦睦，那么其他所有的事情都能够顺利兴旺。看来，"家"对于我们中国人来说，是非常重要的。有一首歌唱到："我想有个家，一个不需要华丽的地方……我想有个家，一个不需要多大的地方。"既然绝大多数人的"家"都是平凡而普通的，那为什么还会如此令人向往，为什么只要"家和"了万事就能兴旺了呢？

著名的国学大师梁漱溟先生说过，中国的社会是以家族为基本单位的，中国社会是以伦理为本位的社会。所谓伦理本位，就是指社会道德、社会秩序的根本原则，始于家族亲子血缘的伦理关系。因此中国人的家族观念，来自于对血缘关系的认可。"血浓于水"便是说骨肉亲情高于一切，无法割舍。这种观念，大概从母系氏族就开始形成了。后来这种家族意识就直接体现在姓氏上，《红楼梦》里贾、王、史、薛四个姓氏就代表了四大家族。

在儒家伦理文化中的"三纲"、"五常"里，家族纲常是很重要的部

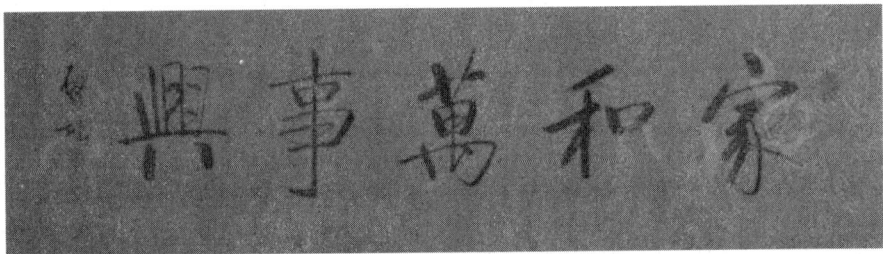

启功先生书法：家和万事兴

分。"三纲"即"君臣义"、"父子亲"、"夫妇顺",后两点都在说,在家族里父亲要关爱自己的子女,子女要孝顺自己的父母,夫妻之间也要和和顺顺。"五常"即"仁、义、礼、智、信"五种行为准则,这五点包括君臣、父子、兄弟、夫妇、朋友五种人伦关系,同样强调了家族之中要尊卑有序,善待彼此,不忘孝悌。一个家族的所有成员如果都遵守了这些道德行为规范,那么"家和万事兴"就很容易实现了。

这种"家"本位的传统伦理思想在现代社会同样体现得淋漓尽致。我们从小生活在父母为我们创造的温馨的家庭里,衣食住行都由父母打理,照顾和抚养我们似乎是父母不可推卸的责任。直到我们长大成人,结婚生子,有了自己的家庭后,父母仍然会帮忙照顾下一代子女。当然,父母到了晚年,我们也会义不容辞地承担起赡养老人的义务。总之,从我们出生开始,家庭就是我们生活的圈子,这个圈子最核心的部分是我们的直系亲属:父母、子女、夫妻和兄弟姐妹。再外面一层便是其他的亲戚,我们生活的关系网就是在这个圈子的基础上建立起来的。既然我们的生存建立在这个网络之上,那么"家和"自然是"万事兴"的基础!

儒家有一句很著名的话:修身齐家治国平天下。也就是说,要想治理国家赢得天下,仅仅修养自己的品行是不够的,在修身之后,一定还要管理好自己的家族家庭。可见,家庭和睦在儒家伦理中的重要性。亲爱的读者,现在你知道"国家"这个词里面为什么有"家"了吗?

12 唐太宗李世民是历史上最英明的皇帝之一，可是他为什么要残忍地杀死自己的亲兄弟？

大唐高祖武德九年（626）六月，在长安城内发生了一起流血政变。唐高祖李渊的二儿子秦王李世民带兵在皇宫的北门玄武门附近设下了埋伏，将从此地经过去皇宫拜见父皇的大哥——太子李建成、四弟李元吉等人杀死，随后把他们的家人大小上百口全部杀死。这件事历史上称为"玄武门之变"。事变之后，李世民被立为太子，不久高祖又将皇帝的宝座让给了他，李世民成为后来历史上有名的贤君唐太宗。

关于玄武门之变，尽管后来官修的史书为唐太宗说了不少好话，比如李建成如何贪酒好色、无所作为，李元吉如何有勇无谋、助纣为虐，李世民又是怎样步步退让、被逼无奈。但还是有很多人指责唐太宗的凶残、狠心。据说甚至连他自己也常常会做恶梦，梦见被哥哥弟弟等人追着讨命。而我们看到后来的《西游记》里也说，唐太宗之所以支持唐僧去西天取经，主要是为了更好地做法事超度亡魂。

既然如此，李世民当初为什么还要杀死自己的兄弟呢？这件事还得从中国的一个传统说起，那就是封建时代的继位法则："立储以嫡，立嫡以长。"就是说，帝王或者诸侯甚至一般有爵位、名位可以继承的人，都要在自己的儿子中选定一个作为继承人。挑选的原则就是立嫡、立长。什么叫"嫡"？"嫡"，就是正妻。古时候一个男人可以同时有几个老婆，其中只有一个正室，其余为姜室，正室生的孩子就是嫡出，格外受到重视；而姜室所生的孩子就是庶出，常常不大受待见。例如《红楼梦》中，贾宝玉的弟弟贾环因为是贾政的姜赵姨娘生的，在家里的地位就和

唐代画家阎立本《步辇图》中的唐太宗

宝玉差了十万八千里，因而造成了他比较阴暗的心理。

如果正妻生的儿子不止一个怎么办呢？那就要"立嫡以长"了，就是选老大当继承人。只要老大没有太过不去的毛病，大多都会被定为继承人。如果有人想要违背这个原则，那是要承担很大的舆论压力的（这恐怕是封建社会中唯一能够影响皇帝的力量），所以一般在位的皇帝都不敢冒这个险。李世民当然非常有才干，知人善任，有勇有谋。但他却偏偏是老二！这是令所有历史学家都有点儿遗憾的事情。李世民当然也很遗憾，但他却绝不甘心抱憾终生，他一定要改变命运。于是他行动了，并且胜利了。就这样，历史上多了个开创"贞观之治"的皇帝，不过同时也多了一个亲手杀死自己亲兄弟的皇帝。

不过有的时候命运也喜欢开玩笑，比如正妻（皇后）没有生出儿子，而地位本来不高的妾反而生出了儿子，怎么办呢？好办！有句话叫"子以母贵，母以子贵"，儿子固然可以因为母亲是正妻受到重视，而本来身份不高的母亲也可以因为生下的儿子被立为继承人而获得提高身份甚至"转正"成为正妻（皇后）的机会。例如清朝慈禧太后本来就是个"嫔"，因为生下了咸丰皇帝唯一的儿子同治皇帝，就被册封为妃、贵妃（仅次于皇后），后来又成为和皇太后平起平坐的"西太后"。

不好办的是所有的妻妾都没有生下儿子，那就要过继一个了。清朝光绪皇帝没有儿子，慈禧太后就让他把侄子溥仪过继过来，当做自己的儿子来继承皇位，这就是末代皇帝宣统。

13 古代做官的人为什么父母去世后要辞官回家待上三年？

明朝万历年间有一个著名的人物，叫张居正。这个人当了二十几年的大学士（明代不设宰相，内阁大学士差不多相当于宰相），那时候万历皇帝还小，什么都得听他的，张居正可以说是权倾朝野，风光无限。但当他正如日中天的时候，他的父亲死了。消息传到京城，他立即向皇帝打报告，说要辞职回家待上三年。皇帝驳回了他的请求，理由是朝廷离了他不行。张居正倒是没什么，可是周围有些大臣却不干了：张居正身为首辅，理应在道德方面做好表率，怎么可以随随便便就破坏规矩不回家服丧？后来事情闹得很大，有几个人还因此被打板子打死了。

那么张居正到底破坏了什么规矩，惹得那些"道德家"这么群情激愤呢？很简单，这个规矩就是丁忧。我国的封建伦理道德体系，在周代已经基本上成型了，其中最核心的伦理观念是"孝"。关于孝，孔子说过很多话，无非就是父母活着的时候要对他们好点儿，顺从他们的意思，父母死了以后要按照礼仪安葬，然后要守孝三年。曾经有一个学生对孔子说，服丧三年时间太长了点吧？孔子一下子很生气，说：这小子太不像话，你小的时候不是直到三岁才能离开父母的怀抱？再说了，父母去世，就算是让你尽情喝酒吃肉，你又怎么能咽得下去？后来孔子去世之后，弟子们大都放下手里的工作，来到坟前搭个窝棚住三年，其中子贡甚至还住了六年。

这种做法到汉代以后便成为正式的制度。尤其对于官员来说，只要父母去世，不管多大的官，原则上都要立刻辞去公职，回家居丧，三年（实际是27个月）后再回来重新安排工作，这就叫守制丁忧。丁忧期间，应该住草棚，不能饮酒，不能娱乐，不能亲近女色。不过凡事总有例外，某些特别重要的人物，皇帝常常会下令不准他们回家丁忧，这叫"夺情"，看上去是剥夺了臣子尽孝的权利，实际上很多时候大臣巴不得被"夺情"，因为回家住破草房和在朝廷为官差别实在太大了。反过来，如果谁的父母去世而不及时上报还要继续做官，一旦被查出来，就会撤销一切职务，甚至要判好几年徒刑，更不用说在道德舆论上会受到人们的唾弃。比如宋代就有个跟着王安石搞变法的人因为父死不报而被人说成"禽兽不如"，甚至连王安石的名声也受到了影响，说他居然会重用这种小人。

所以很多时候，我们会看到有的人好好地做着官突然就不做了，回家丁忧去了。例如电视剧《康熙大帝》中那个极有个性的姚启圣，当他不想和周围人共事的时候，就会借口说自己的乳母死了，要回家丁忧去。这也许是影视剧的编造，但也说明了丁忧这事儿在古人那里实在是一件大事，谁都很难阻拦的。

14

中国人过春节贴对联的传统是从什么时候开始的?

对联, 又称楹联、春联或对子。目前常见的对联按应用场合划分, 大体可以看到如下几种。

春联, 也就是一年一度新春佳节时书写张贴的时令对联, 应用得最为普遍。春联讲究吉利、祥和, 主要是烘托节庆氛围的。

婚联, 是为庆贺结婚之喜而撰写的对联, 通常张贴于婚娶之家的大门口、洞房门口、厅堂上。内容多是对男女双方的热情赞美和良好祝福, 带有浓烈的吉祥、喜庆色彩。

寿联, 是为过生日的人祝寿专用的对联, 其内容一般是评赞过寿者的功业才能、道德文章, 祝福其与家人多福多寿、美满幸福, 热烈而不失庄重。

挽联, 有的地方叫丧联, 是由挽词演变而来, 是人们用于对先人、死者表示缅怀、寄托哀思的一种对联。往往贴在门口、追悼会会场两侧、花圈上, 一般用白纸配黑字, 具有肃穆、庄严等沉痛哀悼的感情色彩, 以便唤起人们对死者的追念和尊敬之情。

对联相传起于五代后蜀皇帝孟昶, 其实最早是由古代的桃符发展而来的。《山海经》记载传说在东海度朔山上有一棵大桃树, 树上有神荼、郁垒二神, 能治百鬼, 只要发现害人的恶鬼, 就用芒苇编成的网子去捆住他们, 并丢去喂老虎。后来, 人们就在桃木上画两个神像, 题上神荼、郁垒的名字, 在除夕下午挂在门两旁, 以压邪祛鬼, 这就是最初的桃符。根据文献记载, 五代后蜀皇帝孟昶过节时在门外的桃符上题词:

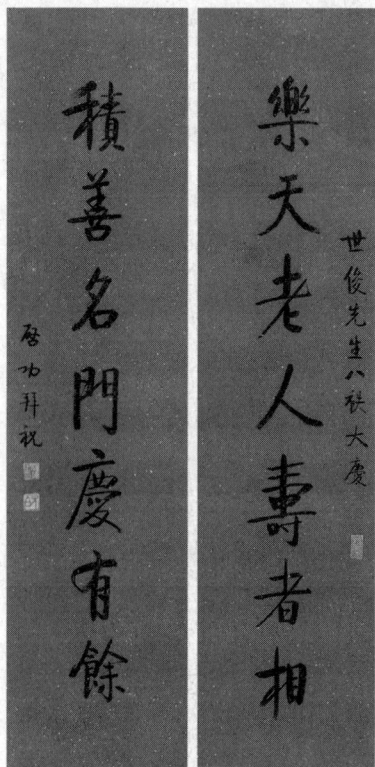

启功先生书法寿联

"新年纳余庆，嘉节号长春。"这要算中国最早的对联了。此后，桃符的内容与性质慢慢发生变化。桃符上神荼和郁垒的名字慢慢被联语代替，人们一般在上面写上一些吉利的词句，讲究平仄对仗，书写的材料也可以是纸、布，或刻在竹子、木头、柱子上。

一副标准的对联，总是由相互对仗的两部分组成，前一部分称为"上联"，又叫"出句"、"对头"；后一部分称为"下联"，又叫"对句"、"对尾"，两部分成双成对。除了上、下联外，还有横批。横批是对联一个有机的组成部分，它往往是对全联带有总结性、画龙点睛或与对联互相切合的文字，一般是四个字，也有两个字、三个字、五个字或七个字的。从语言上看，对联的语言是一种追求对仗和富有音乐性的特殊语言，而对联的创作在构思、立意、布局、谋篇上迥异于其他文学形式，所以有人认为对联是中国最独特的一种文学形式。

对联作为一种习俗，是我们民族传统文化的重要组成部分，在华人范围内乃至与汉语汉字有文化渊源的民族中传承着，并且历久弥新。

15 皇帝自称是"真龙天子"，东海龙宫有"龙王"，他们是一样的龙吗？

我们中国人的生活中充满了龙的影子，别的不说，光成语中就能找出几十条带"龙"字的：龙腾虎跃、龙飞凤舞、生龙活虎、飞龙在天、叶公好龙、望子成龙等等。

如果你去故宫，就会看到故宫中到处都是龙的影子：柱子上雕着龙，墙上画着龙，家具上刻着龙，皇帝的衣服上绣着龙。为什么会有这么多的龙呢？因为这里曾经是"真龙天子"——皇帝的家。皇帝自称是龙，和皇帝有关的一切自然都"属龙"了，皇帝的脸面叫"龙颜"，皇帝的椅子是"龙椅"，床是"龙床"，车叫"龙辇"，衣服是"龙袍"，甚至连皇帝的胡子也叫"龙须"。传说宋朝有个大臣生了病，医生开的药方需要一味龙须做药引子，想来想去都找不着龙，哪里去找龙须呢？后来皇帝听说了这事，就剪下自己的胡子帮大臣治好了病。这是评书《杨家将》里讲的故事，皇帝的胡须能做药引子想来不合常理，但听众却没有站出来质疑过，这就足以说明人们对皇帝的无限崇敬了，在老百姓眼中真龙天子真是无所不能。

乾隆缂（kè）丝十二纹章龙袍

其实不去皇宫，我们也不难看到龙的形象。过去很多地方都有龙王庙，龙王庙里供奉的是龙王。古时候每逢天旱，人们便会抬着猪头敲锣打鼓去龙王庙祈雨，至于能不能求到雨，就要看运气了。此外，在古代的传说中，经常有人在下雨的时候看到龙的影子在云中时隐时现。总之，民间的龙常常是和水联系在一起的，既是生活在水中的动物，又是

位于黑龙江鸡西市兴凯湖龙王庙中的龙王塑像

治水的神灵。它身形矫健，威力巨大，特别富有阳刚之气，所以人们喜欢用龙来形容男子，甚至男人的名字中也常有"龙"字，如明代的著名文人冯梦龙、李攀龙。

那么，皇帝的龙和降雨的龙之间到底有没有关系呢？其实，皇帝所谓的"真龙天子"的身份只是一种象征，这种象征最早应该是从秦始皇开始形成的。秦始皇觉得人们传说中的龙形象很威武、很神秘，可以雄踞天下，所以自认为是"祖龙"，是"真龙"的祖宗，这样就算是把龙和皇帝（天子）联系起来了。到了汉代，传说汉高祖刘邦的母亲曾在一个雷电交加的夜晚受到赤龙的感应，因而受孕生下了刘邦。后来刘邦在起义的时候杀死了一条大蛇的故事也就被民间幻化成两条神龙互相争斗的传说，最后是代表刘邦的那条龙获得了胜利。这种借"龙"为皇帝增添神秘色彩的做法在很多朝代都有过，然而其中的真真假假，现代人恐怕也不难猜得出来。

16

"风水"就是关于风和水的吗? 它和建造房屋有关系吗?

在建造房屋的时候, 我们常常会听到"坐北朝南"这样的说法, 这是说房子的门口要朝向南边。其实, 早在原始社会, 中国先民就已经按照坐北朝南的方向建造房屋了。这是为什么呢?"坐北朝南"是中国传统风水理论中的一个最基本的原则, 这样不仅采光好, 还可以避开北风。

那么, 究竟何为风水呢? 在古代, 风水又被称作地理和堪舆,"堪"代表"天道","舆"代表"地道", 顾名思义, 风水就是研究考察天地山川、地理环境的一门学科。当然, 仅仅考察自然环境是不够的, 风水学还要在对自然环境考察之后, 选择最佳之处, 来营建城郭、房屋或陵墓等等, 以期趋吉避凶, 福泽永存。所以, 很多时候风水是和建造房屋有很大关系的。其中涉及人们生活居住的房屋、环境等称为"阳宅风水"或"建筑风水"; 涉及陵墓营造的则成为"阴宅风水"。

在中国, 有很多风水佳作, 例如北京的紫禁城, 它的营建格局就是完全按照风水原理设计的, 历经百年依然气势恢宏, 被誉为"风水活化石"。例如, 紫禁城中房屋梁、柱之间的雀替(一种建筑构件)、梁枋上的彩画等, 多以S形曲线表现, 这样的形状是太极的阴阳分界线,

"凤凰戏牡丹"木雕雀替

是太极图形象的简化。这样的简化是风水学中常用的"化煞法",用来化解凶相,符合"曲生吉、直生煞"的风水观念。此外,紫禁城的城墙是红色的,而上面的琉璃以及故宫众多殿宇的金顶都为黄色,也体现了五行中火(红色)土(黄色)相生的原理。

同样,民间认为墓地的选择也要考虑风水的因素。相传,某日,风水圣姑九天玄女受伤,幸而得到了商鞅父亲的救助。此时,商鞅的祖父病逝,为报答商鞅的父亲,九天玄女决定为商鞅的祖父寻找一处"龙穴宝地"下葬,以庇佑后代。商鞅聪明伶俐,于是九天玄女便带着商鞅去寻找下葬之地。他们来到一座山前,遥望山岗形状奇特,好像有头有躯有尾又有脚,形如"饿虎下岗",透出一股威猛之气。于是九天玄女便选择此处。之后的几年,商鞅的学问渐增,对治国策略更是颇有见地,受到了秦孝公的重用。他在秦国推行"变法",使秦国国力大增,名噪一时。其后代商氏一脉,威震天下。

17 中医看病为什么只要试试脉搏、看看舌头就基本能判断病情?

很长一段时间以来,中医已然成了一个具有争议性的话题。有很多人生病一定要找中医看,认为中医治病效果比较好,中药没什么副作用,不但能去除病痛,起到"治标"的作用,还能够调理身体,达到"治本"的效果。同时,也有另外一些人却坚持认为中医看病全凭瞎猜,治病全靠想象,毫无科学性可言,鲁迅先生在作品里就曾说中医是"有意无意的骗子"。

那么，中医到底是神医还是骗子呢？应该说，中国人几千年来一直靠中医来医治病痛、维持健康。即便是在医疗技术迅猛发展的今天，中医中药还是保持着其旺盛的生命力和独特的魅力。不仅在中国，在世界其他国家和地区中医都广泛为人们所接受，为人类的健康贡献着巨大的力量。这本身就说明中医肯定不是"骗子"，而是一种不同于现代西医的特殊诊疗方式。

中医的独特之处到底表现在哪里呢？中医到底有没有科学性呢？这还要从古代中国人的哲学观念说起。古代中国人的哲学观念中，最基本的思想恐怕应该是整体观、系统观，也就是把人和世界看成一个整体，两者具有相似的运行规律。从大的方面说，宇宙中的天体有太阳、月亮，有金、木、水、火、土星，在地球上有金属，有植物，有水，有火，有土地，似乎所有的物体都可以归入阴阳五行之中。由此，"金木水火土"成为代表物体属性的五个符号。古人认为人体也不例外，人本来就是自然的一部分，"天人合一"、"天人相应"是生命的根本规律。在人的主要器官中，肺肝肾心脾分别与金木水火土相对应，具有相应的属性，各个脏腑之间又互相联系，又互相制约，共同构成完整的人体机能体系。除此之外，中医还根据经验发现了贯穿人体的经络，以及在

山东省曲阜孔庙藏东汉画像石：神医扁鹊行医图
画像石中三人跪坐，面向神医。神医人面人手，山鹊身躯，右手似在为病者切脉，当是扁鹊的神话形象。

经络中运行的"气"。总的来说，中医研究的不是肌体的具体构成，而是研究人体整体的各个系统之间的关系，并且通过中药、按摩、针灸，甚至心理作用去调节各个系统之间的平衡，维持身体的健康。

既然从一个小小的人体中就能看出整个宇宙天地运行的大文章，那么从人体的一个部分看出整体运行中的问题和特点就完全不成问题了。西方医学讲究的是实际验证，哪里不舒服在哪里找问题，"头痛医头，脚痛医脚"。而中医则不然，不用解剖，不用透视，试试脉、看看舌苔就能知道病情的大概了，再加上询问一下病人自己的感受，看看病人的神情气色，病情大致就能确定了。据说过去有的中医号脉的时候都不用接触病人的身体，只用两根线连在病人的手腕上就能判断出问题出在哪里——那显然是有点夸张了。不管怎样，我们还是得承认，这种通过身体某个局部的表现来判断病情的做法是有一定科学道理的，因为身体任何部位都可能携带着整个身体的全部信息。其实，除了通过把脉、看舌苔等最常见的诊断方式之外，还有人通过看掌纹、指甲、耳朵等来判断身体的状况，也具有一定的准确性。而现代科学的克隆技术甚至已经能够由一个身体细胞来再造另一个完全相同的个体了，我们还有什么理由怀疑中医"望闻问切"的科学性呢？

18 人们常说"天下兴亡，匹夫有责"，"天下"究竟指哪里？

现在我们都知道，我们住在地球这个圆形的球体上，它是太阳系中的一颗行星。地球上多半是海水，海水中漂浮着七个大洲，我们中国处于其中的一个洲：亚洲。中国之外，地球上还有一百九十多个国家，居住着不同肤色、不同语言和不同文化的人，这些人共同构成一个"世界"。所以2008年北京奥运会就提出了这样的口号："同一个世界，同一个梦想。"

但是，我们的祖先却没有这样的认识。可能是受国土地形的限制：向东是浩瀚无垠的大海，向南是充满瘴气的热带丛林，向西是高耸的喜马拉雅山脉，向北是寒冷的荒原和茫茫戈壁。对于古人来说，都是不可逾越的屏障，这使得古代中国人感觉到这四面之中的土地，就是人类可以居住的全部了。最大的莫过于天，天所覆盖的地方就是地，而地上只有一个王（天子）最大："普天之下，莫非王土；率土之滨，莫非王臣。"可以这样说，在中国古人的意识里，其实并没有真正超越国家的"世界"观念。或者说，古代中国人认为世界就是四围之内的这片土地。所谓"一

提出"天下兴亡，匹夫有责"的思想家顾炎武雕像

统天下"也就是在这片土地上建立起一个统一的国家。《三国演义》里说的"天下大势，分久必合，合久必分"也是说国家的统一和分裂。而即使在国家分裂的时候（如三国、南北朝、宋朝等等），由于有"天下"观念的存在，也总有人希望将其重新统一；而即使在国家强盛统一的时候（如汉、唐、明等等），也很少有人想到在天底下还有一些国家不属

于我们，要派兵去侵略、征服。即使知道周边有一些国家存在，这些国家也往往是以当时王朝的附属国的状态而存在的（如古代朝鲜、越南等），并不影响我们作为世界中心主体地位的观念。直到明代，随着郑和下西洋以及相关商贸活动的活跃，古人对于世界的构成才有了更清晰的认识。但郑和之后，朝廷却采取一种掩耳盗铃的做法，下令禁止出海。这种做法在很大程度上限制了中国人的思想视野，为后来的落后埋下了祸根。到了清朝越发变本加厉，关起国门来，处处以天朝上国自诩，限制和禁止对外交通、贸易。而最终的结果，想必大家也很清楚。

所以说，"天下"从字面上看好像是"世界"的意思，但实际上却只是一个有限的"国家"地域观念。所谓"天下兴亡，匹夫有责"，所说的不过是对国家的责任，而"修身、齐家、治国、平天下"的道德理想也同样是以对国家的责任为目标的，都没有超出传统上"中华"的范围。

19 故宫的房子都是红墙黄瓦，为什么却被称作"紫禁城"？

天安门广场北面红墙黄瓦的连绵殿宇，人们称为紫禁城或是故宫。故宫，从字面理解，指的是以前的宫殿，也就是当清朝的宣统皇帝溥仪离开这座宫城后，它才称故宫。而在这之前，它是被称为"紫禁城"的。游览紫禁城的人也许会有一种好奇和疑问，放眼这座占地72万多平方米的皇宫，屋顶琉璃瓦是金黄的；立柱、门窗、墙垣是赤红的；檐枋用青蓝碧绿等色描画；石雕、栏板、石阶以白色为衬托，唯独没有紫色。那么紫禁城的"紫"并不是以颜色来命名的，这该如何解释呢？

紫禁城的"紫"其实是指天空中的紫微星垣。中国古代天文学家将天上的星宿分为三垣、二十八宿和其他星座。其中三垣是指太微垣、紫微垣和天市垣。紫微垣居于中天，在北斗星的东北方，就是现在所说的北极星（小熊座的主星）。古人认为它常年光芒耀眼，位置永恒不变，为其他星座所环绕，代表天界至高无上的地位。紫微垣是"帝星"，是天帝居住的地方，所以还称"紫宫"。封建帝王以天帝之子自居，按照"紫微正中"之说，他办理朝政与日常居住的地方也就要成为天下的中心，那么仿照天上星宿的结构和名称建造自己的宫殿就成为了最合理的隐喻。

北京故宫博物院全景

至于"禁"则容易理解，主要因为皇宫是等级森严的封建社会中最高级别的"禁区"，非一般人可以靠近。"紫禁城"的"禁"字强调了皇宫的无比威严。

另外，按照古代星象解释，太微垣（紫微垣之下的东北方，包含室女、后发、狮子等星座的一部分）南部的三颗星被人看作是三座门，即端门、左掖门、右掖门，而众多星垣组成的银河放射着来自天宫的光芒。与此相应，紫禁城前面设立端门、午门；午门东西两侧开左、右掖门；午门和太和门之间，有金水河蜿蜒穿过，这些也都很好理解了。它们正是象征着天庭中的门户和天宫中的银河，皇帝用这样的布局设计与命名方式显示着他"受命于天"无上尊贵,体现着他在人间的权威和核心地位。故宫城墙东西两侧开两座城门,原名日精门与月华门,象征着日月争辉。我们常说的乾清宫与坤宁宫,其中的"乾"、"坤"二字就意味着天地的意思。东西六宫及其他宫殿也都分别象征着天上的十二星辰和各个星座。了解了故宫隐含的天象星座理论,会帮助你发现它更多的奥秘!

20 你知道北京的西单、东单、西四、东四都是怎么得名的吗?

如果你在北京坐地铁或者坐公共汽车,对西单、东单、西四、东四这些地名一定不会陌生。相较于其他的地名,这些地名感觉更有"北京味儿",成为北京一道独具特色的风景线。那你知道这些地名是怎么来的吗?

要说老北京地名的由来,不得不先说说北京城的历史。我们都知道,北京是一座历史文化名城,有着3000多年的建城史,而从1153年金迁都于此开始,北京已经历了860多年的建都史。北京,作为古代封建大一统王朝的都城,在建筑上不仅反映了皇帝至高无上的权力与地位,也彰显了中国建筑独特的艺术与文化。除了气势恢宏的故宫,威严庄重的坛庙,一座座各具特色的牌楼也是中国古代艺术与文化的载体。

牌楼一般用作装饰主体建筑或者表彰、纪念某人某事,有时也用作街巷区域的分界标志。西单、东单、西四、东四这些地名的由来,也正是和原来这些地方建有牌楼有关系。西四、东四在元朝时叫做"大市街"，是十分繁华的商业区。元大都建成后，这里叫做"旧枢密院角市"，依然繁华热闹。西四、东四的全称应该是西四牌楼、东四牌楼，"四"是指它们在十字路口的东南西北四个路口处各建有一座牌楼，共四个牌楼。自从有了这四座牌楼，人们为了省事就叫它们西四牌楼、东四牌楼。后来又省略为"四牌楼"。到北平解放的时候，这些牌楼还有，直到20世纪50年代为了扩建马路才拆掉。牌楼没了，叫法也就更省事了，干脆直接叫"西四"、"东四"。

西单、东单的名字也是这么来的，它们的全称是"西单牌楼"、"东单牌楼"。但"单"与"四"相比，自然是说西单和东单只有一座牌楼。20世纪50年代，它们也因为相同的命运被拆掉，但是现在人们叫顺口了，还是叫它们"西单"、"东单"。

西四牌楼老照片

21

为什么我们有时候把睡觉说成是"见周公"？

我们有时会开玩笑说"又去见周公了"，意思是睡觉做梦了。为什么睡觉会说"见周公"呢？周公和梦有什么关系？

这还要从孔子说起。

孔子生活的年代已经是春秋后期了。虽然名义上仍然是周朝的天下，但是周朝天子形同摆设，那些诸侯根本不把周天子放在眼里。尤其是先后称霸的几个诸侯王，在相互的征战和兼并中不断扩大自己的势力，高兴了就打着"尊王"的旗号欺负一下弱小，不高兴的时候甚至会想到取周王而代之。从前西周时代确立的等级分明的国家秩序也严重被打乱，以下犯上、以卑僭尊的现象比比皆是。孔子就生活在这样一个"礼崩乐坏"的时代。说来也怪，虽然孔子的祖先是商朝的王室，但是他却对周朝的制度情有独钟，并且千方百计地学习周朝的礼仪。不但学习理论知识，而且还身体力行，凭着自己对礼仪的熟悉，在某些重要外交场合中占了上风，甚至让自恃兵强马壮的齐国人感到了压力。

尽管孔子很早就获得了不小的声望，但他仍然很谦虚，他一直说，自己并不是什么天才，之所以能取得一定的成绩只不过是因为好学罢了；他的学说都不是自己的发明创造，而是继承了前人的思想，可以说是"述而不作"。孔子一直希望能够通过自己的努力重新恢复正统，让国君像个国君的样子，臣子像个臣子的样子，每个人都安分守己，整个社会都有条不紊，说白了，就是要恢复周礼。

那么周礼是谁制定的呢？是周公。

周公，姓姬名旦，周公是他的封号。周公是周文王的第四个儿子，周武王的弟弟。年轻的时候他跟随父亲和哥哥打天下，为推翻商纣王的暴虐统治，献计献策，立下了汗马功劳。周朝建立后不久，武王去世，继位的成王才十来岁，所以就由周公摄政，代为管理国家。在这期间，周公平定了叛乱，实行分封制，将王族子孙和有功之臣分封在各地，让他们向周王称臣纳贡，使周朝的统治得以巩固。此外，周公还在前人基础上制定了十分完备的规章制度，详细地规定了各种活动应有的仪式规程，使上下尊卑各得其所，各级管理者和老百姓的工作、生活有法可依，同时也为各种活动仪式规定了相应的礼乐形式。等这一切都做好了之后，成王也长大了，于是周公就把权力交还给了他。可见，周公无论在品格上还是在才能上，都十分卓越，因而被儒家奉为"圣人"。

位于陕西省歧山周公庙前的周公塑像

而孔子则是周公的忠实"粉丝"，他一直把周公作为思想行为的榜样，甚至在睡梦中也经常和周公对话切磋。以至于有一次，隔了一段时间没有梦见周公，孔子就认为这是自己的体力和精力过于衰退的结果（子曰："甚矣吾衰也！久矣吾不复梦见周公。"《论语·述而》）。可以想象，在平时身体、精神状况好的时候，孔子梦中见到周公是多么平常的事情。差不多只要睡觉，就能"见周公"了。

后来，由于孔子的影响不断扩大，他的话便成了人们最熟悉的典故。"见周公"也就成了睡觉做梦的代称。

22 孔子似乎什么都会，那么他会武功吗?

大家一定都见过孔子雕像吧? 在全国的许多地方，我们如果去游览孔庙、文庙，或者去参观大学校园的话，总是能在很显眼的地方看到高大的孔子像。但大家有没有注意过，雕像中的孔子有没有佩剑呢? 说到这里，可能要引发一些争论了，因为实际中，孔子像有的有佩剑，有的没有。那么，我们给孔子佩剑，是因为他会武功吗? 难道孔子不仅是儒学大师，还是位武士?

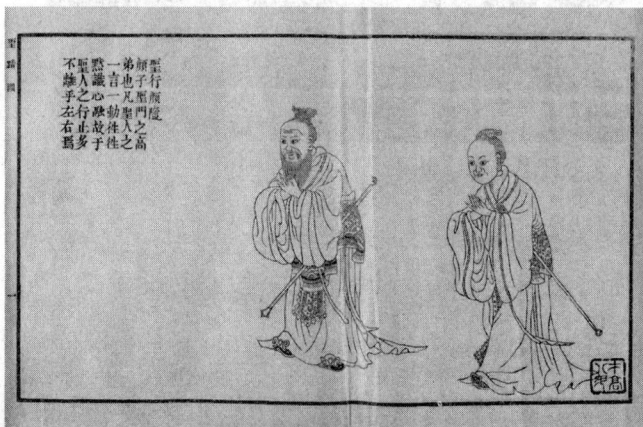

《圣迹图》第一幅

《圣迹图》以编年为顺序，对孔子生平进行具体描绘，形象地表现了孔子一生的行迹。宋代就有刻本，明万历以后历代均有。

在山东曲阜的孔府中，悬挂着描绘了孔子生平事迹的古代图画《圣迹图》，它的第一幅是孔子出行图，只见孔子身形伟岸，腰悬长剑，器宇轩昂地在走在前面，后面跟着他的弟子颜回。虽然已经找到了历史的佐证，但现在我们要说孔子就是一名武士，还言之尚早。首先，我们要来了解一下古代的佩剑风俗。

说起"腰悬长剑"、"利剑在手"这样的话，大家首先想到的，应该是武侠故事中风流倜傥、嫉恶如仇的侠客。但孔子手中的长剑，与他们手中的利剑可不同！孔子的佩剑，据说叫做"紫微剑"。这一名字来源于天上的紫微星。古时候所称的紫微星，也就是我们今天所谓的北极星。因为紫微星很耀眼，又有很多星星绕着它转，所以古人对它非常推崇，认为它是万星之首，代表着至高、至真、至善。后来人们把孔子的佩剑叫做紫微剑，就是为了表达对孔子的尊敬和推崇。相传孔子周游列国的时候，就随身佩戴着紫微剑。但孔子的这柄宝剑，却不是用来惩奸除恶的，这是一把象征身份的文人剑。在孔子生活的春秋时代，如果当上了大夫一级的官，即使是纯粹的文人，也有资格佩剑，而且随身佩剑还是贵族出使时的礼节。孔子曾在鲁国做过大司寇，这就是大夫级别的官职，所以孔子有佩剑的资格。同时，对于"克己复礼"的孔子来说，佩剑又是一种需要遵从的礼节。

说到这里，如果认为孔子是个绝对的文人，与"武"毫不沾边，那恐怕就又不对了。在《吕氏春秋》等古书中，都记载说孔子的力气非常大，大到能徒手打开城门！而且，孔子还有两项过人的本领——射箭和驾驭战车，相传他曾表演过这两项技艺，当时观看的人围得和城墙似的。根据《周礼》记载，孔子给弟子教学的主要科目，为"礼"、"乐"、"射"、"御"、"书"、"数"这"六艺"，其中"射"和"御"就指的是射箭和驾驭战车。在后来的武举考试中，就有骑马和射箭这两项，大概与孔子传"六艺"有关。事实上，孔子出生于武士之家，他的父亲叔梁纥就是有名的武士，孔子很可能受到过家传熏陶。这么看来，如果让孔夫子来参加现代奥运会，说不定能在举重、射箭和马术项目中拿金牌呢！

23

你去过孔庙吗? 孔庙里祭祀的除了孔子还有谁?

孔子是一个伟大的人, 甚至在他活着的时候就已经被人称为"圣人"了。但当时诸侯都忙着打打杀杀, 没人会像孔子要求的那样安分守己。他的学说不合时宜, 所以几乎没有得到在政治上施展本领的机会, 只得到了一个空头的名声。在他死后, 他的学生和后人将他生前居住的几间房子改成了祠堂, 每逢节庆进行简单的祭祀。

等到几百年以后, 事情发生了很大的变化。汉高祖刘邦虽然拼着命打下了天下, 但直到儒生叔孙通为他整理了一套礼仪制度之后, 他才一下子体会到"原来当皇帝的感觉这么美妙"。从此之后, 以前一直瞧不起儒生的刘邦这才感觉到孔子那套理论对他来说实在是好东西。所以就决定摆个好姿态, 公元前195年, 汉高祖亲自来到山东曲阜的孔氏家庙进行了拜祭, 并且拨专款修建了孔庙。从此以后, 历代帝王一旦政权稳定就会想到孔子, 为孔子甚至他的弟子追封爵位, 对他的后代予以优待, 修整增建孔子庙, 使其规模不断扩大。现在的曲阜孔庙在形制、规格上都快赶上故宫了, 共有100多座殿堂, 高楼耸立, 装饰精美, 尤其是它的主要建筑"大成殿", 高大巍峨, 和故宫的太和殿非常接近。

从北魏开始, 除了曲阜孔庙之外, 包括京城在内的全国各地纷纷建立孔子庙。唐太宗李世民甚至要求只要是有学生的地方都要建立孔子庙。因为孔子被看成是文人的祖师, 所以这些孔子庙常常被称为"文庙"。文庙里祭祀的除了孔子之外, 一般还有所谓的"四配"、

"十二哲"。

所谓"四配"，是指颜回、曾参（曾子）、孔伋（子思）、孟轲（孟子）四个人。其中颜回是孔子最得意的学生，他好学深思、安贫乐道、德行卓越，孔子对他

山东曲阜孔庙大成殿

从来没有一句不好的评价，可惜才四十岁就去世了，死在了孔子之前。颜回死后，孔子嚎啕大哭，甚至比自己的儿子死了还要悲痛，像是上天要了他的命一样。

另外几位，曾参在孔子的学生中也许算不上最出色的，不过孝行很好，曾经写过《孝经》，还写过《大学》，而且他的学生很多，其中就包括孔子的孙子孔伋即子思。子思因为家世的原因，在学问上很有点正统的色彩，写了一篇《中庸》。但是子思的地位重要恐怕主要不是因为他是孔子的孙子，而是因为他是孟子的师祖。孟子把从子思那里继承来的思想发扬光大，加上自己的雄辩才华，使儒家再次在当时社会（战国）大放异彩，成为孔子之后最有影响的儒家人物，被称为"亚圣"。而后来中国传统的儒家思想也就被称为"孔孟思想"了。

事实上，孔子之后儒家思想的传播者是很多的，但多数最终都寂寞无闻，只有这一支，后来成为受到历代统治者重视的正统学说，这些人也就成了孔子思想的正统传承者。南宋淳熙三年，正式将上述四人一起作为"四配"，在孔庙中和孔子一同接受人们的拜祭。

除了四配之外，正规的孔庙往往还会供奉"十二哲"，其中包括孔子的学生闵损（闵子骞）、冉耕、冉雍、宰予、端木赐（子贡）、冉求、仲由（子路）、言偃、卜商、有若、颛孙师等，这些人都在某一方面具有很高的水平，得到过孔子的好评。此外，南宋的朱熹在清代康熙年间也被列入十二哲。

24 有个成语叫"墨守成规"，为什么不能写成"默守成规"呢？

成语"墨守成规"的意思是严格地遵守现成的或久已通行的规则、办法，其中的"墨守"不是不做声地守卫，而是像墨子一样牢固地防守。看来，墨子是特别善于防守的了。

墨子是战国时代宋国（现在的河南北部）人，他的名字叫墨翟。好像是因为长得很黑，又总是穿着黑衣服，所以就用"墨"做了自己的姓。他出身平民，从小就知道生活的艰辛，长大之后先是学习儒学，后来觉得儒学有些虚浮，就自己创立了新的学说，并且广招门徒传授他的学说。在教学的过程中，他把学生组织起来，除了学习理论之外，还特别强调动手能力，进行各种实践活动。实践的内容主要有两方面：科技活动和军事训练。

墨子是了不起的科学家。他在数学、物理学等学科中都有开创性的发现，在光学、力学、声学等领域都有十分深入的研究。我们现在教科书里的很多科学知识如杠杆原理、小孔成像等等他都曾做出过分析。当时战争中经常有人使用挖地道的办法搞偷袭，无论你的城墙多么坚固，敌人把地道直接挖进了你的城里面，让你防不胜防。墨子就发明了一个探测仪，用个大缸蒙上鼓皮，半埋到地下，让听力好的人去听。如果有人在地下挖，就可以听得到，再根据方向去找，地下的敌人就没处跑了。他还发明了风筝，他的风筝是用木头做成的鸟的形状，比现在我们玩的还要精巧得多。此外，他还特别擅长造车，造的车又轻便，载重量又大。他还造了各种各样的器械，要说起技艺来，不比文艺复兴时期意大利的达·芬奇差。

除了从事科技活动之外，他还带领学生进行军事训练。不过他的军事行为主要是防守，因为他从根本上反对战争，不主张进攻。据说当时楚国请了著名的工匠鲁班（公输般）为他们造了云梯，准备用来攻打宋国。墨子听说后，连夜赶到楚国，用实际行动告诉鲁班，自己早就有了对付云梯的办法。楚王看到没有把握取胜，就打消了进攻宋国的念头。墨子的徒子徒孙多达上万人，墨子把他们组织起来，选出一些头目负责管理，叫做"巨子"。这些人都特别重信用，只要答应下来的事，一定会拼死相助。这些急人所难的思想、行为后来成为中国民间

墨子设计的可侦查敌情的古轩车复原图

除暴安良侠义精神的核心。我们现在看武侠小说，那些什么江湖盟主，什么华山派、衡山派，恐怕都得管墨子叫祖师爷。

墨家在战国时代的影响不亚于儒家，但是后来由于封建统治阶级推崇儒家思想，墨家就逐渐变得默默无闻了，但它在中华文化史上的地位却永远不可磨灭。

25

庄子的妻子死了，他不但不哭，反而敲着盆唱歌，这是为什么呢？

清代有一位大才子，叫金圣叹，他的学问非常好，也特别有个性，特别高傲，参加科举考试像玩儿似的，随便一考就能得个第一，却又不肯去朝廷做官。就是这个金圣叹，一般人他都不放在眼里，却把天下书籍挑出了六部，称为"才子之书"，并发愿对其一一点评。虽然因为哭庙案被贪官诬陷而死，只点评了第六才子书《西厢记》和第五才子书《水浒传》，可就是这样，也足以令天下读书人为之震动、为之拍案惊奇了。你能想象那天下第一才子书会是多么了不起吗？而这第一才子书便是《庄子》（其余三部才子书为《离骚》、《史记》、《杜诗》）。

《庄子》到底是怎样一本书，能被心高气傲的金圣叹推举为天下"第一才子书"？

《庄子》的作者庄子，姓庄名周，字子休，战国时期宋国人。他继承并发展了春秋时期老子的思想，崇尚无为、自然、自由，成为道家思想的代表。

庄子一辈子不肯做官，只替官府管过几天漆树园子，后来就不干了。楚王派人来请他去做官，他就给人讲故事，说看到那个乌龟了吗？在泥塘里活得好好的，可要是被国王弄去，就得开膛破肚，只留下个龟壳摆在庙堂上供着。你说我愿意被杀了供着呢，还是愿意在泥塘里活着？来人听了，也就不再勉强。

庄子生活穷困，但是思想却极为丰富多彩，每天都在想一些关于宇宙人生的哲理。他看到小鸟，联想到传说中的大鹏鸟，想到它们虽然飞的姿态、飞的高度各不同，但是都得依赖空气，没有空气谁都飞不起来。如果有谁能够把一切都放弃，什么都不依靠，那么才能够获得真正的自由，获得超越一切的逍遥自在。

不过庄子也不是什么都不管不问，作为著名的知识精英，时不时总有一些政客官员向他请教治国的方略，而他也总是不吝赐教。而他说的最多的便是让国君不要"折腾"，要做到"无为而治"，不要老想着自己的疆域、权力、财富等，也不要过多地干预百姓的生产生活，只要让老百姓安安静静地自己去繁衍生息，国家就一定能变得越来越好。

元代刘贯道绘《梦蝶图》

在对待生命方面，他也主张顺其自然。就像庖丁解牛一样，顺应自然的法则，一切都会迎刃而解。宜静则静，宜动则动，生命就会长久。进一步说，生老病死本身也都有着自然的规律，所以不必为了生死而悲喜。因此，当他的妻子去世的时候，虽然一开始有些悲伤，但再一想，有生就有死，生命从虚无中来，又回归到虚无之中去，恢复到自然的本原状态，这是值得庆祝的事情，又有什么好悲伤的呢？想到这里，他便坐在地上敲着家里的盆子大声唱起歌来。

庄子也教了不少学生，在他死后，学生们把他的文章加以编辑整理，就成了《庄子》这本书。庄子的文章充满了智慧，文采又好，汪洋纵横，描绘的意境亦真亦幻，令人心驰神往。例如，他写自己有一天做了个梦，梦中他变成了一只蝴蝶，在花丛中翩翩起舞，醒来之后发现自己还是一个人的样子，就想：庄周在梦中变成了蝴蝶，蝴蝶会不会在梦中变成了庄周呢？蝴蝶和庄周，哪一个才是真正的我呢？

哪一个才是真正的我呢？或许金圣叹也在这样问。

26 孟子的母亲搬了许多次家，是为了换个大点的房子吗？

孟母三迁的故事，相信大家都听说过。究竟是为了什么，孟子的母亲不辞辛劳地一次次地搬家呢？难道是为了换个大一点的房子给孟子住吗？今天，我们不难听到这样的故事：有的父母为了让孩子进入更好的学校读书，或者为了让孩子在上学路上少受些风吹日晒，就选择那些离学校近的房子居住。可怜天下父母心！从两千多年前的战国起，父母就为了孩子的教育而大费苦心。

孟子的成才，与他的母亲有着很大的关系。在孟子三岁的时候，父亲就去世了，母亲独自抚养他长大，一心希望他成为有用的人。一开始，孟子的家在墓地旁，孟子和小伙伴们常学大人们跪拜、哭嚎的样子。孟母见了很担心，很快搬了家。这一次，他们搬到了一个市集旁。市集上生意兴隆，孟子和他的新朋友就吆喝着学做买卖。孟母很担忧，很快又搬了家。这一次，他们搬到了一个屠宰场附近，孟子于是学起了屠宰猪羊的事。孟母禁不住感叹："这也不是我儿子应该居住的地方。"她很快又带着孟子搬家了。这一次，孟子住到了一座学宫附近。这是地方上供孩子们读书的地方，有着非常好的学习氛围。而且农历每月初一、十五前后，官员们到文庙行礼跪拜，互相礼貌相待。孟子见了这些，都一一地记住和学习。孟母终于喜笑颜开，感慨说："这里真是可以让我儿子居住的地方啊！"于是，他们在这儿定居了下来。

过了一段时间，由于孩子爱玩的天性，孟子在学习上变得有些散漫。一天，孟母见儿子学习状态不佳，就把他叫到跟前，用刀

北京故宫博物院藏清代康涛《孟母断杼教子图》

把自己正在织的布给割断了。孟子吓了一跳，忙问缘故，孟母对他说：荒废学业，将无法安身立命，无法成为有用之才，就像这匹还未织完就被割断了的布一样。孟子被母亲的苦心教导所警醒，从此刻苦读书。

在读书过程中，孟子被孔子的思想所吸引，后来离开祖国邹国，前往孔子的故乡鲁国，拜孔子的孙子子思为师。孟子继承并发扬了孔子的思想和学说，逐渐有了很高的声望，诸侯国国君纷纷前来向他请教。他追随孔子的脚步，带着弟子周游各国，宣扬"仁政"，可惜得不到重用。后来，孟子专心著书立说，和弟子们一起，把孟氏一门的言论汇编成了《孟子》一书，里面的文章论辩严密，气势磅礴，书中所记载的民本思想、仁政学说、"性善论"等，都对中国社会有着深远的影响。《孟子》成为儒家经典之一，孟子也成为战国时期儒家的代表人物，被尊为仅次于孔子的"亚圣"。至今，我们还常用"孔孟之道"来代称儒家思想。

27 有的老人去年是 72 岁，今年一下子就说自己已经 74 岁了，你知道这是为什么吗？

过去有一种很迷信的说法，叫做"七十三，八十四，阎王不请自己去"，说的是73岁和84岁是老年人难以越过的"坎"。所以，有的老人为了避讳，去年刚72岁，今年就说自己已经74岁了。

在这么多数字中，为什么人们单单认为73和84这两个数字不吉祥呢？这就得说到孔子和孟子了——73和84分别是他们去世的年纪。因为古人的年龄是以虚岁计算的，所以生于公元前551年，卒于公元前479年的孔子，享年73岁；而生于公元前372年，卒于公元前289年的孟子，享年84岁。我们都知道，孔子和孟子是我国古代非常受人尊崇的儒学大师，孔子被称为"至圣先师"，孟子被称为"亚圣"，如此伟大圣贤的人，都分别在73岁和84岁时离开了人世，又何况一般老百姓呢！所以，民间认为这两个数字是很不吉利的，老人容易在这两个年纪离世。千百年过去了，这种说法流传了下来，而且至今还有人相信。因为相信这个说法，有的老人在快到73岁或者84岁时，就顾虑重重，对于死亡也特别敏感，吃不香、睡不着，整天担心自己过不了这个"坎"，如果身体上出现了一些小毛病，也会认为是不祥的征兆。渴望长寿是所有人的愿望，为了健康长寿，积极、健康的精神状态也非常重要，因为不健康的心态会影响免疫系统，使人更容易生病。进入老年期后，人体功能开始衰退，患病的几率增大。如果本来身体就不够好，又整天为此心烦焦虑，就可能导致病情加重，甚至危及生命。

总之，如果迷信这种说法，会给健康带来负面影响。科学研究表明，73岁与84岁这两个年龄的死亡率，和其他年龄的死亡率并没有明显的差别，疾病的发生和年龄没有必然的联系。所以，73和84绝对不是老年人的死亡魔咒。古代"人生七十古来稀"，人活到70岁就已经是高寿了。但在今天，我们的生活水平在不断地提高，医疗保健事业也在蓬勃地发展，70岁还是很年轻的状态！作为老年人，只要保持乐观的心情、健康的生活习惯，加强体育锻炼，身体不适及时就医，不管在什么年纪，都可以颐养天年，就算长命百岁也不会只是梦想。而身为晚辈的我们，要时常陪伴在他们身边，关心他们，让他们享受天伦之乐，从而使他们能幸福快乐地度过每一天。

28 有的人事业无成，为什么会说"无颜见江东父老"？

你有没有听别人曾经说过这样的话："我在外面混得不好，没有脸面回家，实在是'无颜见江东父老'啊！"这句话里的"江东父老"指的是谁？这句话最初又是谁说的呢？

公元前209年，陈胜、吴广在大泽乡揭竿而起，拉开了秦末农民起义的序幕。在起义中，有一个年轻人独自斩杀秦军士兵近百人，展示了自己举世无双的武艺，让众人大为佩服。这个人就是项羽，年仅二十四岁的他就已经展露出了自己过人的勇武。从此，项羽开始了自己的霸王之路。

项羽是楚国名将项燕之孙，大泽乡起义后不久，项羽同叔父项梁举兵反秦，并迅速崛起。巨鹿之战后，项羽率军入关，成功推翻秦朝暴政，从此威震四海，自封西楚霸王。

秦朝末年，还有另一个人在灭秦中起了重要的作用，那就是汉中巴蜀之地的刘邦，他和项羽一样，有着一统天下的野心，两个人率领各自军队，多次交锋未

位于江苏宿迁的项王故居

分胜负，于是达成了协议：以运河鸿沟为界，划分天下。但后来，刘邦背信弃义，带兵追击项羽。项羽孤军陷于重围之中，困守在一个叫做垓下的地方。到了晚上，刘邦为了扰乱楚军军心，命令自己的汉军在营地里高唱楚歌。项羽听到后不禁大惊："难道汉军已经占领了我的楚地吗？为何这么多楚人？"想到这，项羽心中布满愁绪。他有一位很受宠爱的妃子，叫虞姬，有一匹骏马，叫乌骓。这一人一马一直陪伴项羽四处征战。项羽听着楚歌，大发感慨，于是唱出了千古绝唱《垓下歌》：

力拔山兮气盖世，时不利兮骓不逝。

骓不逝兮可奈何，虞兮虞兮奈若何！

虞姬听罢，也唱歌和道："汉兵已略地，四面楚歌声，大王意气尽，贱妾何聊生！"唱罢，虞姬便举剑自刎。项羽看到自己心爱的女子死在面前，悲伤地留下热泪，这就是著名的故事"霸王别姬"。

刘邦"四面楚歌"的计策成功扰乱了项羽的军心，项羽不得已做出突围的决定。于是，项羽带领八百骑兵，突出重围，但后因迷路，一路逃至乌江岸。乌江亭长准备了船只，劝项羽速速过江，他对项羽说："江东虽小，方圆也有千里，百姓数十万，也足以称王。现在仅臣有船，愿大王尽快渡江，若汉军追来，则无法走脱。"这时，项羽才知道，原来西楚并没有失陷，自己中了刘邦的计。这时的项羽心灰意冷，已无战意，把失败归为天意，想到当年，他与江东八千子弟渡江向西，而今却无一人生还，感到无颜见江东父老。于是，项羽拒绝了亭长的好意，独自搏杀数百汉兵后，在乌江边自刎。

一代霸王就这样陨落，项羽就这样结束了自己英勇无畏的一生。留下了四面楚歌、霸王别姬、无颜见江东父老等典故，也给我们留下了一段辉煌壮烈的争霸史。

29 杜甫被称为"诗圣"，张仲景被称为"医圣"，那么被称为"史圣"的是谁呢?

古时候，在某一领域有着极高成就的人，常被称为"圣"。几千年来，这样的"圣人"基本上已经涉及到了各个领域。比如杜甫是"诗圣"，王羲之是"书圣"，吴道子是"画圣"，张仲景是"医圣"等等。大家都知道，我们中华民族非常重视历史，历朝历代都很重视史书的修撰。那么在编撰史书这一领域，谁是第一人呢?

鲁迅先生曾经这样评价我国历史上的一部史书："史家之绝唱，无韵之《离骚》。"说这本书是史书中的"绝唱"，它的价值、地位可以与屈原的《离骚》相媲美。能够让鲁迅先生如此赞誉的作品，它的作者也自然是"史圣"了。这一位圣人，他曾说过"人固有一死，或重于泰山，或轻于鸿毛"的话。大家是不是通过回忆教学楼中悬挂的名人名言，而想到了呢? 他就是写作《史记》的司马迁。

司马迁虽然因为《史记》这部史书而著名，但他其实还是位了不起的文学家、思想家，《史记》也有着很高的文学和思想价值。司马迁从小刻苦读书，曾向董仲舒、孔安国等当时的大学者学习。他不仅"读万卷书"，更是"行万里路"。二十多岁时，他从长安出发，漫游各地，开阔了眼界，积累了知识。三十八岁时，司马迁继承父亲的太史令职位，

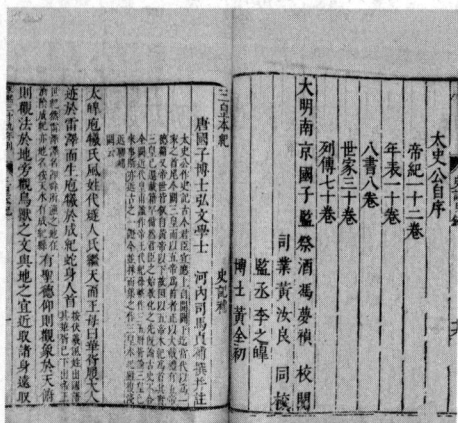

清顺治康熙补修明万历间南京国子监刻本《史记》书影

负责记载史事、编写史书、起草文书，同时管理国家典籍和天文历法等。司马迁写作《史记》，大约开始于四十二岁这一年。在开始写作的第六年，他遭遇了极大的磨难。这一年，西汉名将李陵在攻打匈奴时失败投降，司马迁为其说情，汉武帝大怒，他认为司马迁有意为李陵辩护，把他打入了大牢，并判了死刑！在汉朝，如果想要免于死刑，要么交一大笔钱，要么接受宫刑。司马迁没钱买命，他虽然不怕死，但为了还没完成的《史记》，他只能选择忍辱负重。他关于死亡轻重的名言，就写于这个时候。出狱后，司马迁更加发愤写作，在他五十五岁时，终于基本完成了"究天人之际，通古今之变，成一家之言"的《史记》。

　　《史记》是我国历史上第一部纪传体通史，它记载了从上古传说中的黄帝，到汉武帝时期长达三千多年的历史。全书共一百三十篇，包括十二本纪、三十世家、七十列传、十表、八书，共五十二万六千五百余字。《史记》与司马光的《资治通鉴》并称为史学"双璧"，又被誉为"前四史"（《史记》、《汉书》、《后汉书》、《三国志》）之首，对后世的史书编撰和文学创作都有着深远的影响。后人常称"史圣"司马迁为"史迁"，足见对其敬爱之情。

30

汉朝的苏武为什么跑到贝加尔湖边上放羊？

　　今天的贝加尔湖，位于俄罗斯南部。苏武是西汉武帝时候的人，当时的贝加尔湖被称为北海，也不属于汉朝，一位西汉大臣，为什么千里迢迢地去外国的大湖边放羊呢？苏武牧羊的故事，说起来真是既让人唏嘘感慨，又令人心胸激荡。

西汉时，北方有一个匈奴政权，汉朝和匈奴的关系，时而友好时而紧张。汉武帝天汉元年，匈奴的新单于向西汉示好，武帝让当时担任中郎将的苏武领着一百多人，带着大批的礼物，持节出使匈奴。到达匈奴后，苏武的出使任务完成得很顺利。然而就在准备回国的时候，匈奴上层发生了内乱，苏武一行人被扣留。匈奴见苏武是个人才，便用高官厚禄来说服他留在匈奴做臣子，不料遭到了苏武的严辞拒绝。匈奴见软的不行，就来硬的。那时正值寒冬，他们把苏武关进一个露天的大地穴，不给吃喝，指望着他忍受不了饥寒而投降。结果苏武渴了就吃雪，饿了就嚼毡毛，就这样缩在地穴中坚持了一天又一天，虽然奄奄一息，却丝毫没有屈服的意思。单于见他这样有志气，心里很敬佩，既不忍心杀他，也不甘心把他放回去。于是单于又想了一个办法——让苏武去北海边放羊，只有等羊生出了小羊才让他回来。

羊一般只要怀胎六个月左右，就能生下小羊。那对于苏武来说，岂不是半年后就可以回家了吗？可是，单于给苏武的羊全部是公羊，一群公羊怎么可能生出小羊来！虽然很气愤，苏武只得来到了今天的贝加尔湖一带放羊。他无处可逃，也不知道什么时候会有转机，但他始终心怀希

清代任伯年绘《苏武牧羊》

望，那根汉武帝赐予他的代表着使者身份的符节，成为了他的心灵寄托。每天，苏武都举着这根符节去放羊，渴了吃雪，饿了挖野果，冷了就和羊群挤在一起。日复一日，年复一年，符节上面的旄牛尾早已全部脱落了，但苏武依旧每天高举着它，对汉朝的忠诚也一刻没有动摇过。期间，他听闻汉武帝死了，向着南边痛哭至吐血，早晚哭吊了好几个月才停下来。

后来汉朝与匈奴关系好转，在离开汉朝十九年后，苏武终于被允许回汉。这时候，当初让他放羊的匈奴单于已经死了，西汉在位的已经是汉昭帝，当年的壮年使者，如今头发胡子都白了。因为至死不渝的忠诚和坚贞不屈的节操，苏武受到了朝廷的表彰。他的故事也广为流传，激励了一代又一代的有识之士。

31

"金屋藏娇"究竟藏的是谁?

世界名著《傲慢与偏见》开篇的第一句话便是："凡是有钱的单身汉，总想娶位太太，这已经成了一条举世公认的真理。"在公元前的中国，有一位太子，还在年幼之际就已经给自己物色好了理想的妻子，并且许诺：如果真能娶她为妻，他一定会用黄金造一座大大的房子送给她。这位太子就是后来的汉武帝刘彻，刘彻年幼时想娶的女子，是当时馆陶公主的女儿，也就是刘彻的姐姐——陈阿娇。《汉武故事》中记载："若得阿娇作妇，当作金屋贮之也。"这就是"金屋藏娇"的典故。

汉武帝长大后，真的娶了陈阿娇为妻，立阿娇为皇后，并且兑现了诺言，造了一座金碧辉煌的宫殿给阿娇住。可是好景不长，被后宫佳丽围绕的汉武帝很快就将自己青梅竹马的姐姐弃之一旁，爱上了平阳公主府的婢女卫子夫，皇后阿娇不得不终日独守金屋。

被冷落的阿娇并不甘心，她将自己的怒气一股脑儿抛向了"情敌"卫子夫。不惜重金请来巫师，在后宫大行巫蛊之术，企图报复卫子夫，夺回汉武帝对自己的宠爱。但不慎巫蛊之术暴露，汉武帝大发雷霆，废除阿娇的皇后身份，将她打入冷宫，并立即册封卫子夫为皇后。后来，这位曾经被汉武帝藏于金屋的美人，凄然死在了冷宫之中。

汉武帝不仅仅只是"金屋藏娇"的主角，他还是中国历史上一位有着雄才大略、文治武功的帝王。汉武帝开创了西汉王朝最鼎盛繁荣的时期，也是中国封建王朝第一个发展高峰，他使汉朝成为当时世界上最强大的国家，他也因此成为中国历史上伟大的皇帝之一。此外，汉武帝也是中国第一个使用年号的皇帝。

汉武帝像

他还写了中国历史上第一份皇帝的罪己诏，他在诏书中向天下人忏悔：自己给百姓造成了痛苦，从此他将不再穷兵黩武、劳民伤财，表白了自己内心的悔意。汉武帝敢于面对天下人进行自我批评的行为，展示了他明君的姿态，也展现了他作为一国之君的气度和勇气！

在思想上，他采纳了董仲舒"罢黜百

家、独尊儒术"的建议，把儒学当做封建文化的正统思想。从此以后，儒家思想在中国传统文化的历史舞台上独领风骚，几乎受到历代统治者的推崇，因此使儒家思想对中国社会产生了深远的影响。

除此之外，汉武帝还派出使者前往西域，开辟了东起长安，西至罗马，最远至埃及亚历山大的丝绸之路，为古代中国的外交外贸做出了卓越的贡献。

原来这位"金屋藏娇"的汉武帝有这么多的成就，他不愧是中国历史上最伟大的皇帝之一！

32 我们说家里穷，会用"家徒四壁"这个成语来形容，这个成语最早形容谁家？

现在人们提到某个人家里十分穷的时候，常常会说"家徒四壁"，意思是家里什么都没有，只有四面的墙壁。可你知道这个成语是怎么来的吗？

话说汉武帝时候有个人叫司马相如，文章写得很好。好到什么程度呢？传说汉武帝的皇后被打入冷宫，就花了一千斤黄铜去请他代笔写一封情书送给皇帝。司马相如大笔一挥，没多久就写了一篇《长门赋》，献上去后，皇帝看了大为欣赏（不过据说皇后却并没有因此就被请回来）。

司马相如年轻的时候可没有这么好的待遇，更不可能有这么高的稿酬，甚至连平时的喝酒应酬都常常掏不起钱。时间一长，朋友的聚会他也觉得没什么脸面去了。不过他有一个好哥们还不错，虽然自己做了县令，却还是没有忘记旧情，一直挺照顾司马相如的。

有一天，临邛一个富人卓王孙请县令到家喝酒，县令于是就叫上司马相如一起去赴宴。碰巧富人的女儿卓文君刚刚因为丈夫死了回到娘家居住。司马相如对卓文君可以说是一见钟情，趁着酒劲儿就在屋子里弹起了琴，弹的曲子是"凤求凰"。卓文君也是个绝顶聪明的女子，自然一下子就能听出来曲子里的意思。又见司马相如仪表堂堂，谈吐不凡，连县令都对他敬重有加，心想：这样的男子，肯定错不了。于是当天夜里就跟着司马相如私奔了。

一路上的兴奋、紧张就不必说了，辛苦、劳累也不必说了。到了司马相如的老家，一进门，卓文君的那颗被爱情燃烧得滚烫的心就冷了一多半：这能算是个家吗？除了四堵墙之外，简直一无所有！不过没关系，毕竟娘家有的是钱，随便给点就够两个人过日子的了。

卓王孙发现女儿私奔之后大为不满，放出话来说，一个子儿都不给他们。不过卓文君知道老爷子好面子，于是就带着司马相如回到临邛，在离娘家不远的地方租了个店面，丈夫戴上围裙当跑堂的，妻子就在柜台里卖酒。很快，富家女卓文君当垆卖酒的消息就传遍了大街小巷，卓

古本插图《文君当垆卖酒》

王孙的老脸再也丢不起了，就找到女儿，分给他们一部分家产，让他们快点离开临邛回成都。从此，他们再也不必为生计发愁了。

司马相如也没有让卓文君失望。有了钱，就可以和上层人物结交了，他的文才得到了梁王的青睐，进而又得到了汉武帝的赏识。他写出了《子虚赋》、《上林赋》等著名的作品，而且在从政的过程中，也表现出了很高的才能，成为汉代最有名的文人之一。

33

历史上的曹操到底是不是大奸臣？

看京剧的时候，经常能看到三国戏，三国戏中总少不了曹操。舞台上的曹操被画成白脸，他阴险狡诈，口是心非，是一个典型的奸臣形象。

那么历史上的曹操到底是一个什么样的人呢？实际上，和戏台上相反，现实中的曹操完全可以称得上一个伟人。

曹操出身于官宦之家，父亲曹嵩官至太尉（军队中的最高长官）。曹操年少的时候就很聪明，不过他不太喜欢攻读儒家典籍，也不大喜欢循规蹈矩，当时很多人都不看好他。只有一个叫桥玄的老先生，特别赏识曹操，他预感到当时的社会即将大乱，正需要曹操这样的人，认为曹操这个人因为不肯墨守成规，所以在和平时期常常会闹出乱子，但在动乱时期却可以采用各种手段收服天下，即所谓"治世之奸贼，乱世之英雄"。这种人只考虑最终的结果，而不关注具体的过程，称得上真正的英雄。

曹操二十来岁就被举荐为孝廉，开始做官。他在任做事雷厉风行，颇有政绩。三十岁开始，曹操在平定黄巾起义和军阀混战中不断地扩充自己的实力。后来经过官渡之战，打败袁绍，成为北方最有力量的一派。他实行屯田制，让士兵开荒种地，既增加了队伍的给养，又改善了当地的经济状况。在用人方面，他提出"唯才是举"的政策。最终，他成功地巩固了摇摇欲坠的东汉王朝的统治，除了孙权和刘备这两派势力之外，已经基本上实现了内部的统一。可惜在赤壁之战中被孙刘联军打败，元气大伤，再也无力争取统一了。虽然东汉皇帝十分昏庸无能，但曹操一直到死都不愿意自己篡位当皇帝，只是安心做他的丞相、魏王。直到他死后，儿子曹丕逼迫汉献帝让位，自己做了皇帝，并且追尊曹操为"魏武帝"。

曹操不但是个杰出的军事家、政治家，而且是个了不起的诗人，他所写的诗歌慷慨悲壮，著名的诗句如"对酒当歌，人生几何""老骥伏枥，志在千里。烈士暮年，壮心不已"等等，至今仍然为人们所传诵。而且在他和他的两个儿子（曹丕、曹植）周围团结了一大批性情相投的文人，成为所谓汉末建安文学的主力，他们父子也被合称为"三曹"，和后来的"三苏"一样成为文坛佳话。

既然曹操这么有本事，那为什么还被后人视为奸臣呢？曹操

河南安阳曹操高陵出土的刻铭"魏武王"的石牌

被描写成奸臣，最早应该是在吴国文人的笔下。吴国为了显示自己分裂割据的合法性，总是让文人墨客写作诗文对曹操进行"抹黑"，不但抹黑现在的行径，而且还搜罗或编造了不少他年轻时的顽劣事迹。三国归晋之后，西晋统治者也犯不上去毁坏掉这些污蔑自己前朝的文字。这样，曹操就成了晋代人心目中的"奸臣"。

到了南宋，因为统治长江以北地区的是少数民族所建立的金，所以为了显示南宋人的正统地位，就在文学作品中使劲地贬低北方，使劲地骂曹操，说他"托名汉相，实为汉贼"，实际上也就指桑骂槐地骂了北方的金和蒙古等国，说他们都不是正统的王朝传承者。而这个时期，正好也是戏剧演出十分活跃的时期，曹操自然而然就被刻画成了阴险狡诈的奸臣形象。

可见，真实的曹操和舞台上的曹操并不是一回事。

34 一位学者的藏书在战乱中散落，他的女儿一点儿不差地默写出好几百本，她是谁呢？

我国古代有很多著名的"父子档"，比如汉魏时期的曹操和曹丕、曹植，东晋时期的王羲之和王献之，宋代的苏洵和苏轼、苏辙等。由于古代不以女子有才学为美，所以有名的"父女档"相对少一些。其中最有名的当属汉魏时期的蔡邕和蔡琰，此外就是东晋的谢奕和谢道韫了。

蔡邕非常博学多才，他善辞赋，通经史，精通音律，擅长书法，对数术、天文也很有研究，是文学、史学、音乐、绘画、书法领域的大家。蔡邕的书法艺术，被认为东汉第一。当时政府刻"熹平石经"，把儒学经典《六经》的官方版本刻在了京城太学门口的石碑上。石碑上的隶书字体方平正直，中规入矩，写碑的人就是蔡邕。蔡邕没有儿子，只有一个女儿蔡琰，字文姬，后人常称其为蔡文姬。一方面，蔡邕对女儿进行了很好的教育。另一方面，蔡文姬从小耳濡目染，又聪明好学，把父亲所擅长的几乎全部学到手，成了名副其实的才女。

东汉末年社会动荡，军阀混战，蔡邕父女和当时许多人一样，遭遇了家破人亡的境遇。蔡邕是京城的名人，军阀董卓霸占洛阳之后，有意拉拢他，给了他很高的官位，还封他为高阳侯。但董卓为人残暴，随后被其他势力打败，蔡邕被牵连，不久便死在了狱中。蔡文姬虽然没在动乱中丧命，却被匈奴抓走。由于年轻貌美，被献给了匈奴左贤王，并生下了两个儿子。后来，曹操统一了北方，以丞相的身份"挟天子以令诸侯"。想到自己曾经的良师益友蔡邕，曹操于是用重金把蔡文姬赎了回来。曹操爱好文学，喜欢看书。有一次想起蔡邕曾经藏有许多好书，就问蔡文姬是不是还记得。蔡文姬说原来所藏的四千卷书几乎在战乱中全部遗失，现在自己只能背诵四百多部。曹操非常高兴，立即表示要让十名书吏到她府上抄录。蔡文姬说男女有别，当场要了纸笔，凭记忆默写出四百

吉林省博物馆藏金代张瑀绘《文姬归汉图卷》(局部)

部书，竟然没有一点错漏！

蔡文姬在匈奴待了十二年，虽然辗转得以回到汉朝，不用再过异族异乡异俗的生活，但她不得不离开两个年幼的儿子。传说《胡笳十八拍》这一首长篇叙事诗，就是蔡文姬参考胡人声调，在回汉朝的路上所写的。得以归汉的喜悦与被迫骨肉分离的悲痛相交杂，哀怨惆怅，读来让人动容。蔡文姬还写有《悲愤诗》，这是我国历史上文人创作的第一首自传体五言长篇叙事诗，写出了她多灾多难的一生，情真意切，读来令人神伤。

35 历史上有个人曾经连续大醉六十天不醒，这是怎么回事？

李白曾在诗里写到"但愿长醉不复醒"，他不过是夸张地表达了他对酒的喜爱。但在历史上，还真有人实践了"长醉不复醒"的状态，而且他一醉就连醉了整整六十天！这位"狂人"，就是"竹林七贤"之一的阮籍。

魏晋时期，曾有七个志同道合的朋友，他们崇尚老庄，不拘礼法，因为常在竹林下喝酒、吟诗，所以被称为"竹林七贤"。其中，阮籍和嵇康是最有名的两位。说起阮籍，很多人总爱说"阮籍猖狂"，殊不知阮籍也是迫不得已，他连醉两个月也是被逼无奈！

《晋书》中阮籍的传记说他"本有济世志"，说阮籍本来也有济世安民的志向，可惜当时政权动荡，战乱不断，许多有志之士都在政治斗

上海博物馆藏唐代孙位《高逸图》（残卷局部），左为阮籍，右为刘伶。

争中丢了性命。阮籍看清了这一点，为了保全自身，决心不参与政治。他任性不羁，有时候关起门来读书，一个多月都不出门，有时候出去赏玩山水，过了一整天也不回家。他酷爱道家思想，擅长弹琴，尤其喜欢喝酒。在阮籍的生活里，酒不仅是饮品，还是替他消灾挡祸的好友。

　　阮籍生活的时期，司马氏家族大权在握，司马昭不断地消除异己、巩固权势，就差没有自己称帝了，这就是"司马昭之心，路人皆知"的由来。当时，阮籍的妻子是公主，他们有一个漂亮的女儿。司马昭想让阮籍把女儿嫁给自己的儿子，通过政治婚姻把阮籍拉到自己的阵营。阮籍根本不想参与政治，虽然心里不愿意，无奈司马氏权力太大，如果直接拒绝，不仅自己有难，家人也会有危险，但如果勉强答应，恐怕以后就再也无法抽身了。阮籍非常苦恼，思来想去，着实束手无策。突然，他想到了每日相伴的好朋友，瞬间计上心来。司马昭的使者很快就来了，说请阮籍去府上一会，却见阮籍醉得不省人事，连站都站不起来，使者只得回去了。第二天，使者又来了，可是阮籍还是醉得如烂泥，他又只好回去了。第三天，第四天……一连六十天，阮籍每天都喝得大醉！司马昭明明知道阮籍是在躲避自己，却又不好发作，谁让阮籍本来就是个嗜酒如命的人呢！两家的婚姻，也就不了了之了。

　　阮籍借酒避祸，也不止这一次。当时司马氏常派人去试探士人的政治态度，对自己不忠的就铲除。有人曾一次次地拿时事来请教阮籍的看法，阮籍知道他的意图，每次都喝很多酒，然后倒下就睡，结果那人一点把柄都抓不到。阮籍的好友嵇康就没有那么幸运了，他刚正敢言，结果被司马氏所害，阮籍虽然最后也郁郁而终，但至少没有丧命在屠刀之下。

36

南京的乌衣巷里住的人都要穿黑色的衣服吗？为什么叫"乌衣巷"？

乌衣巷位于今天南京秦淮河南岸，这一条巷子，在今天看来好像并没有什么了不起的，但在一千多年前的晋代，这里充满了锦衣华服、高车大马，也不知道曾让多少老百姓羡慕得红了双眼！

相传这条巷子在东吴的时候就有"乌衣"之名了。赤壁之战奠定了天下三分的局面，随后孙权建立了东吴，就定都在今天的南京。当时吴国驻守的士兵都穿着黑衣服，于是人们把他们的营地叫做"乌衣营"。到了东晋，王导和谢安住到了这里，他们一个是开国元勋，一个是宰相名臣，这个地方变得人尽皆知的同时，它的名字也变为了"乌衣巷"。

说到魏晋南北朝，总离不开士族制度。"士族"又称为"世族"、"门阀"等，其中"门阀"这个我们常听到的说法，实际上就是门第和阀阅的合称，而"阀阅"原来是指有功业的家族立在门口用来记录功业的柱子，左边的一根叫阀，右边的一根叫阅。在门阀制度下，世家大族的年轻人可以不经过严格的选拔、考核就可以做官，上一辈人的官职或者爵位，还可以传给下一代。如此一来，大家族的人就可以世代

位于江苏南京秦淮河南岸的乌衣巷现景

为官，国家很多重要的职位都被少数几个大家族垄断了，家族的名声和势力当然也就越来越大。他们如果要原封不动地记录家族功业，门口的阀阅恐怕时不时就要加大加高。

东晋是士族制度的鼎盛时期，"王谢桓庾"是当时的四大望族，但乌衣巷的旧主人，以王导为代表的王氏家族、以谢安为代表的谢氏家族，可以说是望族中的望族。王谢家族中名人众多，在朝做官的我们就不数了，只说说文学艺术领域就足以让人惊叹了。"王家书法谢家诗"，这一句话很好地概括了两家的突出成就：王羲之被称为"书圣"，他的儿子王献之、侄子王洵的书法造诣也极高；谢灵运被称为山水诗的鼻祖，他的侄子谢朓、族弟谢惠连的诗歌成就也很高；谢家还有一个历史上著名的才女，她就是谢安的侄女谢道韫，后来嫁给了王羲之的儿子王凝之。

唐代诗人刘禹锡有句诗流传得很广："旧时王谢堂前燕，飞入寻常百姓家。"他说的"王谢"，指的就是江南士族王氏和谢氏了，这首诗的题目就叫《乌衣巷》。刘禹锡曾游览乌衣巷，经过南北朝的战乱，当时乌衣巷中的王谢故居已经破败得连燕子都不来筑巢了！现在，经过修缮和重建，我们可以来秦淮河畔看一看白墙黛瓦，走一走幽静小巷，在乌衣巷一睹曾经的士族风光。

37 "不为五斗米折腰"是说一个人很有劲没有被五斗米压断腰吗？

东晋时期，浔阳郡有一个傲慢凶狠的贪官，他每年都要以巡视为由，向下属的辖地索要贿赂，如果下面的小官不能满足他的要求，他就不择手段，设法陷害。有一次，他又以视察为由到彭泽县收取贿赂，一到彭泽县的驿舍，这位督邮就派县吏去叫彭泽的县令来见他。彭泽的县令是一个为官清廉、淡泊名利的人。但是，既然上级要求自己马上过去，他也不得不立即动身。不料，来传话的县吏拦住他说："大人，去见督邮，要穿戴整齐，备好礼物，毕恭毕敬地拜见，您这样随随便便就去了，恐怕督邮要找你麻烦的！"县令听罢，长叹一声："我岂能为了县令五斗米的俸禄，就向乡里的小人低三下四地献殷勤！"

这就是"不为五斗米折腰"的故事，这里的"折腰"并不是指被五斗米压断了腰，这句话也不是说一个人很有力气，而是体现了彭泽县令的骨气和清高，这个县

美国火奴鲁鲁艺术学院藏明代陈洪绶《陶渊明故事图》（局部）

本图卷描绘陶渊明弃官归田过清苦生活的几个场景，分为"采菊"、"寄力"、"种林"、"归去"、"无酒"、"解印"、"贳(shì，赊欠)酒"、"赞扇"、"却馈"、"行乞"和"灌酒"等八段。

令就是我国古代大名鼎鼎的文学家——陶渊明。他著名的作品有《饮酒》、《归园田居》、《桃花源记》、《五柳先生传》、《归去来兮辞》等。

这件事之后，陶渊明就辞去官职，隐居田园，再也没有出来做官，决心与当时昏庸黑暗的统治阶级决裂，不与世俗同流合污。从此，他过着"躬耕自资"的隐居生活，就是自己耕种养活自己。因为他家门口种了五棵柳树，所以他还有个名号，叫"五柳先生"。

陶渊明一生创作了许多田园生活题材的优秀作品，他的诗大多语言质朴，平淡自然，又富有情趣。苏轼曾说："渊明诗初视若散缓，熟读有奇趣。如曰：'暧暧远人村，依依墟里烟。狗吠深巷中，鸡鸣桑树颠。'又曰：'采菊东篱下，悠然见南山。'大率才高意远，则所寓得奇妙，遂能如此，如大匠运斤，无斧凿痕，不知者则疲精力，至死不悟。"在大文豪苏轼眼里，陶渊明的作品细细品味起来，有着高远的意趣，"似淡而实美"。

的确，陶渊明的诗作如他的人品，不与世俗合流，不含半点污浊之气。他笔下的田园生活，淳朴，天然，毫不做作。陶渊明不仅尊重劳动人民，而且他一生也热爱简单而充实的劳作生活。由于当时社会混沌黑暗，他更是追求自己心目中单纯质朴的理想境界，正如他在《桃花源记》中描述的怡然自乐的世界一样。所以，在现实生活中，他不能忍受官场的尔虞我诈、阿谀奉承，他也不甘心为五斗米折腰。

陶渊明被称作"隐逸诗人之宗"，他的作品开创了中国古代田园诗流派，一反两晋时期玄言诗的空虚乏味，使得古代诗歌达到了一个新高度。他的作品清新优美，为当时的文坛吹进了一缕清爽的风，一改文坛沉闷的氛围。从古至今，陶渊明安贫乐道、超凡脱俗的人生哲学折服了无数后人。

38

李白是中国历史上大名鼎鼎的诗人，你知道他是什么学历吗？

李白是中国历史上最有名的诗人，他的名字家喻户晓、妇孺皆知，很多两三岁的孩子，还不大会说话就会背诵"床前明月光，疑是地上霜"，"朝辞白帝彩云间，千里江陵一日还"。他的诗已经成了中华文化不可分割的一部分。可你知道李白是什么学历吗？

李白的一生，充满了传奇色彩。传说他降生之前，母亲梦见天上的太白金星扑到了怀里，于是就给孩子取名白，字太白。李白五岁就开始识字，十五岁就可以写出很像样的作品了。除了读书之外，他还特别喜欢剑术，希望将来做一个仗义行侠的剑客。

二十多岁的时候，李白抱着一把宝剑，揣着一卷诗书，离开故乡四川，开始了他的漫游生涯。那个时候大唐王朝已经进入全盛时期，各方面都生机蓬勃，读书人都忙着苦读，准备参加科举考试，取得功名，作为今后踏入仕途的途径。可是李白压根儿就没动过参加科举那个念头。不是他不想当官，李白和绝大多数古代的读书人一样，都想着通过从政来证明自己的才能，施展自己的抱负。

李白为什么不参加科举？有人说可能是因为祖上犯过罪（李白出生在西域碎叶城，很

清代苏六朋《太白醉酒图》

可能就是先辈的流放之地），而被流放人员的后代是没有资格参加科举的。

既然不能参加科举，家庭背景也很一般，那就想别的办法吧。一个办法是结识达官贵人，给他们写信，请他们为自己推荐；另一个办法是走"终南捷径"，就是结交道士，甚至自己去当道士，当时终南山中住着很多道士，获得名声之后再被朝廷征去做官。李白两个办法都试了，前一个办法没有任何效果，即使遇到了像贺知章那样欣赏他的人，把他说成是"神仙下凡"，也没有让他得到皇帝的青睐；后一种办法起了作用，四十多岁的时候，李白通过道士结识了唐玄宗的妹妹玉真公主（她也是个道士），由玉真公主推荐给唐玄宗。玄宗十分欣赏李白的才华，让他做了供奉翰林。据说有一次在李白喝醉酒的时候，玄宗甚至亲手喂他喝醒酒汤，用自己的手巾为他擦口水，这可算是天大的面子了。

不过李白到底不是个规规矩矩的御用文人，他的心始终在飞翔。一方面渴望自由，另一方面又渴望建功立业。可是在玄宗的朝廷里，这两样他都没有得到。所以，三年之后便被"赐金放还"，重新踏上了漫游之路。这一游又是十多年，其足迹遍及大江南北，结交了各路诗坛名家，写下了大量脍炙人口的诗作。

虽然李白诗作成就很高，但他实在算不上一个好的政治家。他缺乏政治家应有的理性判断力和洞察力，这导致了他在安史之乱中投奔了不能成事的永王李璘，最终在其失败后受到牵连入狱，被判流放夜郎。后来虽然遇赦返回，但家财已经散尽，无所归依。几年后在安徽当涂一个远房叔叔李阳冰那里凄凉地去世。

这样说来，虽然李白诗名满天下，甚至做过翰林，但在学历方面他既不是进士，也不是明经（与进士同为科举科目），什么文凭都没有。

39

传说唐代潮州时常有鳄鱼出来伤人，为什么有位文人写了篇文章，鳄鱼就迁徙入海了呢？

现在，我国的东南沿海地区经济发达、人民安康。但在唐朝，由于还没有得到很好的开发，东南地区的自然环境还比较恶劣，那里的人们时常受到野兽的侵扰。我们要说的关于鳄鱼的故事，就发生在今天的广东省境内。

现在广东省有潮州市，唐朝时也有潮州，但当时所指的范围比今天的潮州要大一些。唐代的潮州，属于落后地区，但这样的地方却时常有名人来做官，因为古代官员被贬，往往会被派到偏远、落后的地方。公元819年，潮州迎来了一位重要的地方官，他就是韩愈。在潮州，韩愈做了很多造福人民的事，其中被传得最神奇的就是他用一篇文章赶跑了

位于广东贤令山风景区的韩愈遗墨"鸢飞鱼跃"

凶恶的鳄鱼的故事。

韩愈为人刚正敢言，这一年，他因为反对唐宪宗迎佛骨而被贬为潮州刺史。来到潮州以后，韩愈就向老百姓询问民生疾苦。百姓一听，个个愁眉不展，说溪里有鳄鱼，家里的鸡鸭常被它们吃光，日子一天比一天穷困，说着就掉下泪来。韩愈听了，对百姓承诺说一定要解决这个问题。百姓等了一天又一天，终于听说新来的刺史大人要下令驱赶鳄鱼了！他们聚到了鳄溪边，只见韩愈让属下往水里投了一头羊和一头猪，然后就念起了一篇文章。百姓虽然对这篇《祭鳄鱼文》听得不十分明白，却听懂了刺史大人的意思：命令鳄鱼马上搬家，不然到时候会用尽一切手段把它们消灭！虽然怀疑这些畜生能不能听懂人话，但见韩大人无比认真，百姓也就跟着向水里训斥。就在这天傍晚，鳄溪上突然狂风大作、雷电交加。过了几天，溪水竟然枯竭了，鳄鱼无法生存，就向西逃到别处去了。大家高兴得手舞足蹈，纷纷赞叹刺史大人的决心感动了天地。

事实上，当时潮州这个地方，除了自然环境不好，人文环境也有待改善。那里的人们很少读书，地方上还残留着一些落后的风俗。韩愈是非常重视教育的，著名的《师说》就是他的作品。为了让潮州人知书识礼，韩愈请来了老师，办起了学校，废除了奴隶买卖。他还带着人民兴修水利，发展农业，真正地造福了潮州百姓。

韩愈八个月的任期，换来了潮州翻天覆地的变化。人们为了纪念他，为他修了庙。约三百年后，又有一位名人因贬官来到了潮州，他赶上人们为韩愈建新庙，于是写下了著名的《潮州韩文公庙碑》。这个人，就是与韩愈同列于"唐宋八大家"的苏轼。苏轼说韩愈"文起八代之衰，道济天下之溺"，充分地肯定了韩愈对于古文和道学的伟大贡献。

40

唐代有一种红色的信纸叫"薛涛笺"，很多文人视若珍宝，这是为什么呢？

"薛涛笺"，是唐代一种长宽适度便于写诗的笺纸。因为是红色的，所以又叫"红笺"，又因为传说是用浣花溪的水造的，所以又叫"浣花笺"。这是在唐代很流行的一种纸，被称为"诗鬼"的唐朝诗人李贺就有"浣花笺纸桃花色，好好题词咏玉钩"的诗句。在今天看来，薛涛笺很有少女情怀和浪漫色彩。而事实上，它的发明者薛涛，就是一个才华横溢女子。

薛涛的父亲，曾经是唐朝的宫廷乐官，安史之乱时来到成都避难。由于父亲早逝，薛涛与母亲相依为命，后来迫于生计，成为了官妓。早年，薛涛居住在成都浣花溪，这个地方自古就是有名的出产笺纸的地方。古代文人之间流行互赠诗作进行唱和，多是在一张纸上写一首律诗或者绝句。但当时的纸张比较大，一首小诗根本写不满，浪费纸张倒还

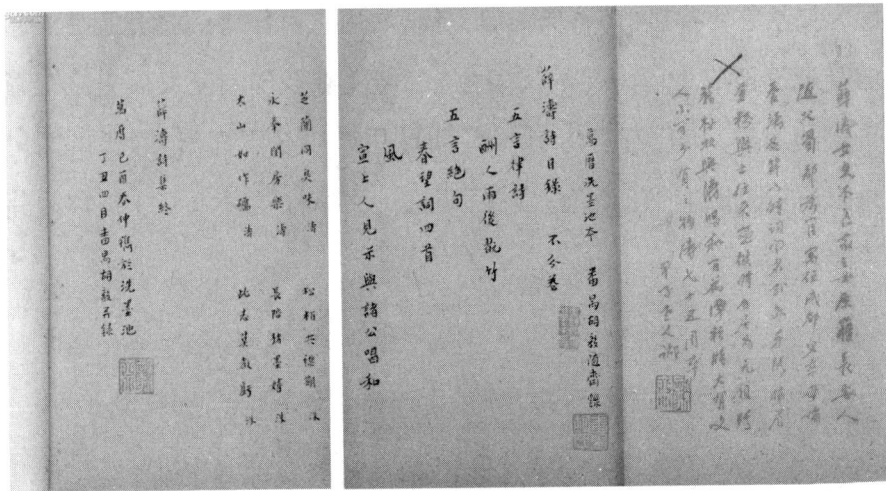

明抄本薛涛诗集

在其次，关键是不美观。薛涛是唐朝四大女诗人（薛涛、李冶、鱼玄机、刘采春）之一，绝句写得尤其好。为了改变这种大纸写小诗的状况，她特意让工匠改小纸张尺寸，造出了一种小笺。她自己还发明了新的染色法，据说能够染出红、黄、青、绿等十种颜色。

经过改良的笺纸，事实上不再是普通的信笺，而是专门的诗笺了。这种适合于作诗赠答的笺纸之所以变得名贵，还被以薛涛的名字命名，很大程度上也得益于薛涛与当时诗人们的唱和。薛涛色艺双全，非常有名气，当时的文人都很愿意与她结交。当时中唐诗坛上的重量级人物，比如元稹、白居易、杜牧、刘禹锡等，都和薛涛有过诗歌唱和。传说风流才子元稹曾经和薛涛谱写了一曲"姐弟恋"，两人分别时，元稹曾承诺日后会派人迎接薛涛，但后来元稹投入了同为四大女诗人之一的刘采春的怀抱，薛涛也只能不再自作多情。这里面的真真假假，我们今天或许还能从两人的唱和作品中找到些端倪。

总之，在"名人效应"下，又因为这种改良过的笺纸确实大小合适、精巧可爱，文人于是纷纷采用，"薛涛笺"也就越来越有名了。又因为红色象征着热情、喜庆，人们多喜欢用它来作诗、写信，于是红色的笺纸逐渐成为薛涛笺的代表色。薛涛笺在我国制笺发展史上有着重要的地位，历代都有仿制。宋朝时，用产于今天嘉州（今天的四川乐山）的胭脂树的花染色，发展了胭脂版纸笺，这种纸笺也被称为薛涛笺。

41

历史上写词写得最好的皇帝是哪一个？

大人们总爱说"少年不识愁滋味"，可是他们哪里知道，对于孩子们来说，一个模型、一对发卡都能让人愁好久呢！如果要问想要的东西得不到时有多愁，那一定是："问君能有几多愁，恰似一江春水向东流。"

这一句词，出自李煜的《虞美人（春花秋月何时了）》。各人有各人的愁，李煜又是为了什么，愁成了这个样子呢？李煜被称为"千古词帝"，一是因为他词写得非常好，同时又因为他曾经做过皇帝。李煜的愁，也就来源于他这个特殊的身份。

从唐朝灭亡到宋朝建立之间的这段历史，被称为五代十国。十国之中，有一个南唐。这是一个短命的王朝，到第三任皇帝的时候，它就被灭掉了，这个亡国之君，就是李煜。如果用皇帝的标准来看，李煜是个不折不扣的昏君——他对政事不关心，只喜欢在宫中玩乐；如果用文人的眼光来看，李煜是个富有才情的

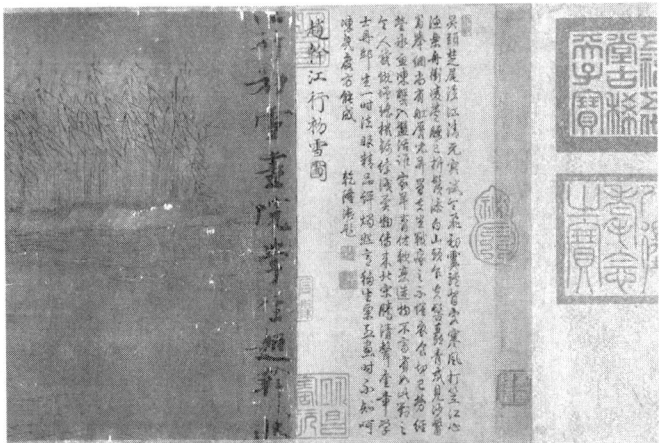

台北故宫博物院藏南唐赵幹《江行初雪图》

李煜酷爱书画，他擅长行书，喜欢使用那种虬曲而颤动的笔法写字，被称为金错刀。作大字不用笔，卷帛而书，被称为撮襟书。李煜的墨迹流传很少，这幅画上的一行标题被认为是他的真迹。

文人——他精通音律，擅长书法和绘画，诗词都写得很好。李煜是不幸的，不仅因为与他个性不符的"职业"，还因为他遇上了宋朝的开国皇帝赵匡胤。在北宋统一天下的过程中，南唐灭亡了。李煜投降后，被带到了宋朝的都城开封，赵匡胤虽然没有杀他，还封了他一些没有实际意义的头衔，但是亡国之君的身份，曾经一国之主，如今阶下之囚的落差，还是让李煜的日子过得很不顺心。

国破家亡，对于李煜文人的这一重身份来说，却绝对是一件好事。亡国之前，他的诗词多是写宫廷生活、男女之情，没什么太高的价值；亡国之后，他把切身的苦痛写进作品，特别是他的词作，写得尤其凄凉哀伤，对过去的眷恋，再也回不去的悲苦，读来让人动情。他被俘后写的许多词，都成为流传后世的名篇，除了《虞美人（春花秋月何时了）》，还有《浪淘沙（帘外雨潺潺）》（名句有"梦里不知身是客，一晌贪欢"等）、《相见欢（无言独上西楼）》（名句有"剪不断，理还乱，是离愁，别有一番滋味在心头"等）、《望江南（多少恨）》（名句有"还似旧时游上苑，车如流水马如龙"等）。李煜的词，继承了晚唐以来花间派的传统，词风柔美婉媚。他又善于将哀婉凄绝的情感用具体可感的形象或意象表达出来，细腻动人，别有特色，使他在词坛占有了一席之地，并对后世词风产生了很大的影响。

相传因为《虞美人（春花秋月何时了）》中的故国之思表达得太过显露，所以宋太宗下令毒死了李煜。历史上写词写得最好的那个皇帝，就这样带着愁怨离开了人世。

42

"东坡肉"是苏东坡发明的吗? 它和一般的红烧肉有什么不同?

在我国,鲁菜、川菜、淮扬菜、粤菜、浙菜、闽菜、湘菜、徽菜享称为"八大菜系"。其中,浙菜以用料广博、刀工精细、清鲜嫩爽闻名。在浙菜菜系里,有一道名菜,叫"东坡肉",这道菜以猪肉为主要食材,"菜品皮薄肉嫩,色泽红亮,味醇汁浓,酥烂而形不碎,香糯而不腻口",光听着就不禁让人垂涎三尺。可是,你知道"东坡肉"的名字是怎么来的吗? 这个"东坡"和北宋的大文学家"苏东坡"有什么渊源吗?

苏轼,字子瞻,号东坡居士。他不但是我国北宋时期著名的大文学家,创作了《念奴娇·赤壁怀古》等畅达豪放的作品,而且堪称我国古代美食家,对烹调菜肴很有研究,尤其擅长制作红烧肉。

东坡肉的前身是"回赠肉"。相传苏轼任徐州知州的时候,有一年黄河决堤,洪水把徐州老百姓围困城中。苏轼作为知州,亲自上阵,率领徐州军民与洪水抗争了七十余个昼夜,终于齐心协力保住了徐州城。城中的百姓为了报达苏轼与民同心并肩上阵之恩,纷纷杀猪宰羊,备好酒肉到知州家表示心意。苏轼推辞不掉百姓的好意,便指点家人把大家带来的猪肉烧制成红烧肉,回赠给参加抗洪的军民。百姓吃了,一致认为这红烧肉味道鲜香,肥而不腻,将其命名"回赠肉",取知州回赠百姓之意。

元丰三年,苏轼触怒了皇上,被贬谪到黄州,他在黄州东坡开荒种田,并自号"东坡居士"。在当时的黄州,苏轼常常烧制红烧肉与朋友饮酒分享,并做《猪肉颂》:"黄州好猪肉,价贱如粪土。富者不肯吃,贫者

清代董邦达绘《苏堤春晓》

不解煮。慢著火，少著水，火候足时它自美。每日早来打一碗，饱得自家君莫管。"

后来，苏轼又来到阔别十五年的杭州任知州。谁知这一年大雨不断，太湖泛滥，殃及大片庄稼。苏轼及时采取有效的抗洪措施，并组织杭州的百姓疏通河道，筑起河堤，这些举措不仅使杭州免受洪水之灾，而且改善了西湖的环境，为西湖又添美景。后来这里成为了西湖十景之首的"苏堤春晓"。

治理好水灾之后，老百姓纷纷赞颂苏轼为民造福的壮举。大家听说他爱吃红烧肉，于是过年的时候不约而同给他家送了猪肉。这一次，苏轼一样想把肉做好与百姓分享。于是，就叫家人把肉切成一个个方块，用他的烹调方法烧制，连酒带肉，一起送给杭州的家家户户。结果，他的家人在烧肉时，把"连酒一起送"领会成"连酒一起烧"，没想到烧出来的红烧肉酒香肉香融为一体，风味更加独特。大家吃后，便更觉得苏轼的红烧肉味道不同凡响。于是"东坡肉"便名声远扬，成为一道名菜。

除了"东坡肉"，苏轼还有"金蟾戏珠"、"五关鸡"、"醉青虾"这三样拿手好菜，后人将这四道菜称之为"东坡四珍"。

43

台北市有一座山，原来叫草山，后来改名为"阳明山"，你知道这有什么来历吗?

台北市有一座山，因山上茅草丛生而得名"草山"。后来蒋介石退踞台湾，住在草山脚下，认为"草山"有"落草为寇"之嫌，便想给这座山改个名字，为了纪念他所敬仰的明代哲学家王阳明，于是给此山改名为"阳明山"。那么，这位王阳明又是谁呢?

王阳明是王守仁的号，他出生于明朝中期，是心学的集大成者，与儒学创始人孔子、儒学集大成者孟子、理学集大成者朱熹并称为孔、孟、朱、王。王阳明自幼聪明，勤学好问，十二岁便吟出《蔽月山房》这样富有哲理的诗句:

山近月远觉月小，便道此山大于月。

若人有眼大如天，还见山小月更阔。

究竟是山高还是月阔? 在还是少年的王阳明眼里，就已经是一个辩证的问题了。王阳明十五岁时就立志做一番大事业。十八岁时，他开始苦读宋代著名的理学家朱熹的书，认为这样能够帮助自己走向圣贤之路。朱熹提出"格物致知"的理论，认为"理"存在于世间的万物之中，"今日格一物，明日又格一物，豁然贯通，终知天理"。有一天，王阳明和朋友讨论了通过"格物致知"来做圣贤之后，便决定先

位于台北市阳明山的王阳明先生雕像

从自家花园里的竹子"格"起。他对着竹子苦思冥想了七天七夜，不但没有穷尽其中之理，反而大病了一场。这就是著名的"守仁格竹"的故事。从此，他对"格物"学说产生了极大的怀疑。

后来，王阳明经历了人生的起起伏伏后，悟出了自己的心学思想：心外无理、知行合一、致良知。王阳明说："心外无物，心外无事，心外无理。"他认为我们每个人都是一个小宇宙，要想探究宇宙的奥秘，了解事物的真相，只需要反视自己的内心良知。因为人先天的本性与宇宙的真理是一致的，要想求知求理，就要内省自己的内心，参悟内心中万物的形象和理，这样才能够理解世间万物的真相。

他反对朱熹的"先知后行"说，认为真正的知识离不开实践，不能把大量的经历只花在"知"上而忽略了"行"。比如，知道了孝顺这个道理的同时就要行动起来，去体贴关怀自己的父母，"知"和"行"是要同时发生的，要做到"知行合一"。

"致良知"是王阳明从人生的百死千难中领悟出的道理。他认为人性本善，但是要做到"慎独"，也就是在自己独处时也能保持内在的良知，做到"非礼勿视，非礼勿听，非礼勿言，非礼勿动"，不掺杂丝毫的不善杂念，让自己的心灵不受任何玷污。只有这样，才能使天理长存，良知长存。也只有在正确认识了自己的心灵以后，才能把心中领悟到的"天理"推及到外部世界的万物中去。

王阳明不仅仅是著名的思想家，而且还为明朝政府立下了赫赫战功。他最大的军事功绩，就是率领部将平定了洪都的宁王朱宸濠之乱。他是中国历史上"立德、立功、立言"都有显著功绩的思想家、教育家、文学家、书法家、哲学家和军事家，是一位罕见的"全能大儒"！

44

现代人闲暇时喜欢旅游，可是明代却有人把旅游当作生活的全部，这是为什么？

你喜欢旅游吗？你经常旅游吗？如果让旅游成为你生命的全部，你愿意吗？明代有一个叫徐霞客的人，就把旅游当做了自己毕生的事业，他的一生几乎都是在旅途中度过的。

徐霞客，是我国明朝伟大的地理学家、旅行家和探险家。他的著作《徐霞客游记》是我国最早的比较详细记录地理环境的一部游记，也是世界上最早记录岩溶地貌的书。

徐霞客出身书香门第，幼年受父亲的影响喜欢读地理、游记、历史类的书籍，这些书使他从小就立下了游遍名山大川的志向。十九岁那年，他的父亲去世了，他虽然很想实施游历名山大川的计划。但是中国古代有一个传统，就是"父母在，不远游"。因而他没有马上出发远游。但是徐霞客的母亲是一个明白事理的人，她对徐霞客说，男子汉大丈夫应该志在四方，应该到天地间舒展胸怀。于是，在母亲的鼓励下，年轻的徐霞客肩挑简单的行李，踏上了旅程。一直到他五十四岁去世，他余下的一生几乎都在旅游考察的路上。

徐霞客的一生，先后游历了包括相当于今江苏、安徽、浙江、山东、河北、河南、

江苏江阴徐霞客故居里陈列的徐霞客的考察成果

山西、陕西、福建、江西、湖北、湖南、广东、广西、贵州、云南等十六个省在内的广大区域。东到今浙江的普陀山，西到云南的腾冲，南到广西南宁一带，北至河北蓟县的盘山，足迹遍及大半个中国。徐霞客的旅行地并非都是风景秀丽的山川。他也寻访了许多穷乡僻壤、荒凉之地，甚至几次有生命危险。他历尽千辛万苦，尝尽了旅途的艰辛。有一次，他去黄山考察，正赶上山中大雪，有的地方雪及腰深，但是他并没有退缩，拄着一根铁杖就开始登山。到半山腰处，路上已经结冰，又陡又滑，他仍然没打退堂鼓，他用铁杖在地上凿出一个个坑，一步步爬到了山顶。像这样的经历还有许多，他真可谓是一位千古奇人！

更为难能可贵的是，徐霞客的旅途并不仅仅是为了游山玩水，而是探索大自然的奥秘，找寻自然山水间的规律。"程愈迫则流愈急"，也就是说路程越短，水流越急。这个地理学上的著名结论，就是由徐霞客通过实地考察福建建溪和宁洋溪水而得出来的。

徐霞客对地理学的贡献数不胜数，比如说他推翻了战国时期《禹贡》中岷江是长江源头的说法，考察出金沙江才是长江的源头。直到1978年，国家考察队才确认长江的正源是唐古拉山的主峰格拉丹冬的沱沱河。可见徐霞客考察结果影响之深远。再如，他还是世界上对石灰岩地貌考察的先驱。他在湖南、广西、贵州和云南等地发现了多种石灰岩地貌，并进行了详细的记录和描写。直到他去世一百多年后，才有欧洲人开始考察石灰岩地貌。徐霞客可以称得上是世界上考察石灰岩地貌的先驱。

除了探寻自然科学的可贵精神之外，徐霞客精湛的文笔也让后来人大为惊叹。他笔下的大自然质朴而绚丽，可以使我们跟随他一生的足迹，忘情于大自然的怀抱间。

徐霞客在辞世之际还手握着考察时带回的两块石头，他执著追求的科学精神，值得我们崇敬和学习。

45

郑板桥自己刻了一方闲章，写着"青藤门下牛马走"，这是什么意思？

"青藤门下牛马走"，乍一看，颇让人有些摸不着头脑："青藤"是一个人的名字吗？"门下牛马走"就是门口有牛马经过的意思吗？想破解郑板桥这一枚闲章的秘密，我们要从司马迁说起。

"牛马走"的典故，出自《报任安书》这封司马迁给朋友的回信。在信的开头，司马迁自称"太史公牛马走司马迁"。对于这个说法，后人的理解不是非常一致，但都认同"牛马走"是指一种低下、谦卑的身份，说自己"牛马走"是一种自谦。那么，清代大画家郑板桥是为了向谁表达恭敬之情呢？接下来就要从"青藤"说起了。

青藤不是人名，而是明代一个人的号。这个人就是著名的"狂人"徐渭。徐渭的一生有着传奇色彩，受到后世很多人的敬爱和推崇。徐渭出生于山阴（今天的浙江绍兴），徐家虽然是官宦世家，但在徐渭百天时父亲就去世了，家道从此败落。

徐渭小时是有名的神童，现在绍兴还流传着他的许多故事。他六岁读书，九岁就能写文章。十多岁模仿西汉扬雄著名的汉大赋《解嘲》创作了《释毁》，轰动全城。相传上私塾时，老师为了考验徐渭，让他拿着两个水桶过独木桥去汲水，一会儿徐渭就抬着水回来了。老师又惊又喜，一问才知道他过桥时把水桶放在了水里，这样就不用多费力了，真是人小智慧大。还有故事说有一次徐渭去赴宴，主人让他作赋，却暗中让人捧上了一丈多长的纸卷。徐渭丝毫不觉为难，站着一口气写完，文采飞扬，满座惊叹。

这么聪明的小孩，乡里人都觉得他以后一定能够建功立业，徐渭也信心满满。二十岁时，徐渭中了秀才，这个年轻人似乎看到了自己的大好前程。但是命运却狠狠地捉弄了他——之后他考了八次科举，却始终没有考中！徐渭曾做上门女婿，没几年妻子又死了，他就以教书糊口。虽然多灾多难，徐渭始终努力奋斗，渴望出人头地。后来，他给人做幕僚，替人起草文书，还献计献策，帮助击退当时东南沿海一带猖狂的倭寇。在这期间，徐渭得到了一定的赏识和重用。然而好景不长，不久他的上司被捕自杀，他也风光不再。接连科举的失败、不得伸展的志向、被构陷而身亡的朋友、自己会受牵连的担忧，如此种种，让本来就有些偏激的徐渭发了狂。他曾三次自杀，又在一次发病时杀死了自己的继室，被捕下狱。在狱中，徐渭研究《周易》和书画艺术。出狱后，他穷困潦倒，晚年以卖画为生。

明清时期，出现过不少多才多艺的文

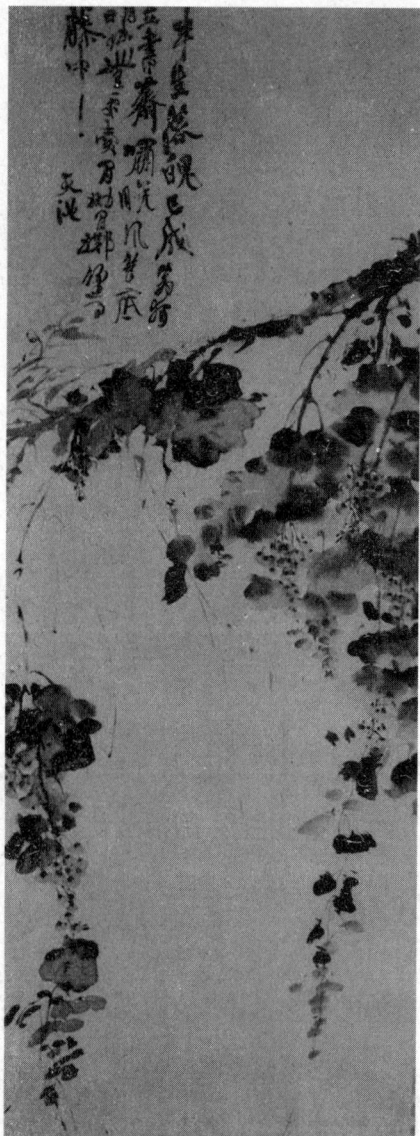

台北故宫博物院藏徐渭代表作《墨葡萄》

人，但像徐渭一样在诗文、戏剧和书画等各方面都能独树一帜的却很少。他的诗歌被尊为明代第一，他的《四声猿》是有名的讽刺杂剧。徐渭的绘画气势纵横奔放，"无法中有法"、"乱而不乱"，看上去畅快淋漓又赏心悦目。他特别擅长画水墨大写意花卉，画风古朴淡雅，别有风致。不独郑板桥，近代著名画家齐白石也曾说，后悔没有能够早生三百年，为徐渭磨墨理纸！

由此可见，郑板桥刻的"青藤门下牛马走"这枚闲章，实际上是对徐渭表示自己无比的敬仰之情。

46 几乎每个佛寺里都有佛塔，佛塔是和尚登高观景用的吗？

在影视作品中，佛家在劝人向善时，总爱说"救人一命，胜造七级浮屠"，就是说救人一命，胜过建造一座七层的佛塔。浮屠是梵语buddhastupa音译后的简称，指的就是我们经常能够看到的佛塔。那么，佛家建塔的意义是什么呢？为什么又是"七级浮屠"，而不是八级、九级呢？

佛塔是佛教的象征，它代表了佛陀的圣意、法身，它的每个部分又揭示了"十善业"、"六度"、"四无量心"、"三十七道品"等成佛之道。就最初而言，佛塔是用来供奉舍利的。根据佛教文献记载，释迦牟尼涅槃后火化而形成的舍利，被当地八个国王收取，分别建塔供奉，让百姓瞻仰、礼拜。后来佛家遵循这个传统，建造佛塔来安置和供奉舍利，也用来存放经文和各种法器。佛教传入中国之前，我们的建筑里没有"塔"，语言里也没有"塔"字。东汉时佛教传入，隋唐时人们在翻译佛经时造出了"塔"字，沿用至今。

随着佛教的传播，佛塔建造也渐渐兴起。我国的佛塔千姿百态，呈现出鲜明的"中国特色"。佛塔原有的印度覆盆式造型与中国传统的楼阁相结合，产生了楼阁式的佛塔，继而又衍生出密檐式、复钵式、金刚宝座式等。其中，要数楼阁式的历史最悠久，现存数量也最多。早期的佛塔多为木结构，不易保存，隋唐以后多用砖石建塔，后来又有金属塔、琉璃塔等。我国幅员辽阔，佛塔的建造又被赋予了不同的地域文化特点，所以风格、样式更加多样。据说汉末三国时曾有可容纳三千多人的佛塔，虽然如此宏大的建筑今天已经见不到了，但依旧有很多精美而庄严的古塔保留了下来。如西安的大小雁塔、杭州的六和塔等。随着佛教的发展和佛塔的建造，佛塔的用途也不止于供奉舍利，一些建在通衢大道旁的佛塔，就是想让往来的人们看到佛家建筑，在心里时时谨记佛家教诲。

陕西西安大雁塔

佛塔的形态、大小不一，但都有塔基、塔身和塔刹几个组成部分。塔的平面多为方形、八角形，也有多边形和圆形的。塔身以阶梯层层向上垒筑，逐渐收拢。塔顶有"塔上塔"的塔刹，使佛塔更显高耸挺拔。佛塔的层数一般为单数，有七级浮屠、九级浮屠。宋代苏轼还记载说当时有十三级的铁浮屠。那么在这些数字里，为什么"七"倍受青睐呢？原来，佛教非常重视舍利，建造佛塔被认为是建立功德、福报无限的善事，所以有说法认为"救人一命，胜造七级浮屠"，说的是建造七层高的宝塔，已经是很大的功德，但如果能够拯救别人的性命，那么这件功德比建塔还要伟大。但也有说法认为，这里的"七"和李白"飞流直下三千尺"的"三千"一样，只是用来表示数量多的虚指，"七级浮屠"也就是很高的佛塔。无论是实指还是虚指，只要我们能够领悟其中引人向善的教诲，其他的也没有必要争论了。

47 《西游记》中沙僧的兵器叫禅杖，禅杖本来就是用来打仗的吗？

电视剧《西游记》中，沙僧虽然出场率不高，台词也比较单一，但他使着一条月牙铲勇斗妖精的样子，大家一定都有印象。事实上，这月牙铲，是我们在进行影视剧改编时的创造，小说中沙僧的武器，可没有那么威风凛凛。

小说中，猪八戒曾调侃沙僧的武器是"哭丧杖"。后来也有妖精嘲笑说是"擀面杖"，把老实敦厚的沙和尚都说着急了，忙声明这是玉帝所赐的降妖宝杖。它原本是月宫里的梭罗仙木，由鲁班打造，外边镶有宝石，内里嵌有真金，是降妖伏怪的宝器。由此，我们大致可知，沙僧的降妖宝杖，应该是类似金箍棒的棍棒状的木制神器。这一形制，大致与佛教的禅杖相同。

要说禅杖，我们不妨先来说说禅和禅宗。

话说当初佛教传入中国，一路是由古印度经西域传入中原，再传到朝鲜半岛、日本、越南等地；另一路则由南印度经海路传至中国南方。这北方一路被称为"汉传佛教"或"北传佛教"。禅宗，就是汉传佛教的宗派之一。禅宗由菩提达摩传入中国，因此又称达摩宗，也称佛心宗。传至六祖惠能时，禅宗大盛。中晚唐之后，禅宗成为汉传佛教的主流。我们熟悉的少林寺，在唐朝时就享有盛名，并以禅宗和武术并称于世。

银质佛用禅杖

"禅"，是梵文"禅那"的略称，是"静虑"、"思维修"、"弃恶"的意思，说的是静静沉虑，抛弃恶念，修正错误的思维。"禅"是一种修行方法，"禅定"是佛教古老的修行方式。禅宗之"禅"，与"禅定"不完全相同。禅宗之"禅"，是一种认识：在方法上，禅宗重视学人与其师的直接对话，以启发智慧；禅宗的目的，第一步是开悟，认为开悟后修禅，才能事半功倍；禅宗的修行，将日常生活与人心的净化紧密结合，认为人之平常心就是道，认为佛法就在世间，不出世就可以知觉。

佛门中的禅杖，是坐禅时用以警睡的工具。书中说沙僧的禅杖重五千零四十八斤，一般意义上的禅杖，可要轻便得多。据记载，佛门禅杖是用竹苇做的，用东西包住一头。坐禅时，会有人拿着禅杖巡行，发现有人昏昏欲睡了，就用软的那一头点一点他，这样不会打痛人，又能让人警醒，可谓是一件人性化的教具。《水浒传》等古典小说中，常有以禅杖为兵器的佛门中人，这种禅杖，就类似电视剧中沙僧的日月铲了。这种两头有刃，一头为新月牙形，另一头形如倒挂之钟的兵器，既可退敌，又可负重，是古代僧人云游时的惯用兵器。少林拳谱歌诀曰："少林月牙铲，大开方便门；魔鬼皆退避，英雄敬三分。"可见其威力不小。《水浒传》中，"花和尚"鲁智深就使一柄六十二斤重的浑铁水磨禅杖，重量上虽逊于沙僧，但作为凡人，鲁智深也绝对是神力了。

48 为什么唐代的公主喜欢出家当女道士？

有人统计说，唐代一共大约有210位公主，而其中曾经入道的就有12位，这个比例实在是不低。唐代公主喜欢出家当女道士，与当时皇室对道教的扶植密不可分，当然也与公主们的个人情况有关。

唐朝时道教盛行，李唐皇室与道家之间有着很微妙的关系。我们都知道道家学派的始祖是老子，老子姓李名耳。唐朝皇室因为自己也姓李，所以自称是老子的后代，把探求长生、主张超脱达观的道教作为"本朝家教"。李唐皇室对道教的支持可谓不遗余力。唐太宗曾颁发诏书，明确规定男女道士的地位高于僧尼；唐玄宗曾亲自注释《道德经》，并把它列为科举必考书目，从此更是天下学子人人诵读"道可道，非常

太平公主泥塑

道"。有实权的皇帝在颁诏下令，皇宫里的金枝玉叶也纷纷以行动表达对于道教的热忱。

唐高宗时，女儿太平公主曾经入道，这是已知的最早的例子。此后，唐睿宗的两位公主出家，号金仙、玉真，这是在历史上拥有最正式记录的例子。再后来，公主入道的风气大开，公主们离宫进道观，竟成为一种风尚！

唐代女道士都会头戴黄冠，而一般女子不戴，所以常称女道士为女冠。说起出家，我们或许总有清贫、艰苦的印象，但公主们的女冠生活，可没有这么凄凉冷清。首先，公主入道动机"不纯"，虽有真心慕道的，却也有追福的，探求延生不死的，有丈夫死后不愿再嫁，或者逃避不满意的婚姻的。她们可以随时还俗嫁人，比如太平公主因逃避吐蕃和亲而入道，后来还俗嫁人。公主出家，皇室首先要为她们另外建造宫观，也就是道观。伴随着道家的发展，唐朝时宫观的修建如火如荼。据研究，当时西京长安和东都洛阳大约有宫观55所，其中长安的43所宫观中，就有太平观、咸宜观、金仙观、玉真观等13所女冠观。这么多宫观，当然不仅足以容纳各路公主，还能容纳相当数量的贵族女冠、平民女冠了。除了住所，皇室在待遇上也不委屈自己家的姑娘们。身为公主，历朝历代都会得到朝廷的封赏，唐朝公主即使出了家，也能享受封赏。她们所受的封赏，在经济上维持了宫观的日常运转，也让她们能够维持体面的出家生活——毕竟，像我们前面所说的，公主出家的目的，与真正弃世入道的女道士有所不同。

在皇室的推崇及公主的带头作用下，民间道教的发展自然越来越繁荣。许多道教书籍刊行面世，包括历史上第一部道藏《开元道藏》。此外，宫观的数量日益增多，规模日益宏大。唐末五代时的道士杜光庭曾在书中说，唐代共有道观1900多座，道士15000多人，当时道教的盛行由此可见一斑。

49

观音菩萨到底是男的还是女的？

如果在这里下定论说观音菩萨是男的，恐怕有人要怒目圆睁地进行反驳了：你难道没有看到过画上的观音像吗，还有电视剧《西游记》中的观音形象，她们难道不都是雍容慈祥的女性形象吗？话虽没错，却也不完全正确。说观音菩萨是男是女都不准确，因为我们看到的，只是菩萨的"相"，而这个"相"变化多端，比孙悟空的七十二变还厉害。

观音菩萨，又常被称为观世音菩萨、观自在菩萨等。据说唐朝时为了避唐太宗李世民的讳而省去了"世"字。观音菩萨与文殊菩萨、普贤菩萨、地藏菩萨并称为"四大菩萨"，在佛教诸菩萨中位居首位。观世音，顾名思义，是观察世间声音，关注下界民生的菩萨。根据《悲华经》记载，观音菩萨曾是阿弥陀佛前世转轮大王的大太子。他立下誓愿，要断绝众生的苦难和烦恼，让人们长久地享受安乐。

通过上面的故事，我们知道，在还是"凡人"的时候，观音菩萨确实是个男的。早期的印度观世音也多为男相。大约三国时观音传到中国，

中国国家博物馆藏五代敦煌壁画
《十一面观音变相图》

当时观音也多是男性形象。今天我们能够看到的敦煌壁画和南北朝时的雕像，其中的观音都是男儿身，嘴唇上还长着两撇漂亮的小胡子。《华严经》中所说的"勇猛丈夫观世音"，在唐代以前，是符合老百姓所能看到的实情的，但现在我们能看到的观音像，已经基本上全为女相了。

在我国，观音的全称是"大慈大悲救苦救难广大灵感观世音菩萨"，佛教文化中观音菩萨的意思，是"菩萨大慈大悲有求必应：苦难众生只要诚心念诵观世音的名字，菩萨就能立刻'观'到这个人的声音并会马上前去拯救，给他解脱苦恼"。佛经说，观音菩萨周游法界，常常施以各种善巧和方便，化相现身，救济人间疾苦。观音菩萨显圣，被称为"普门示现"，他一共有三十二应身，佛、天人、罗汉，男、女，童子、老者，官员、居士等，众生应以何身得度，菩萨就以何身为现，随缘救度。观音的女性形象，就可能来源于此。南宋以后，女性观音形象渐渐占据主流，发展至今，男性观音形象几乎不被人知道了。

总之，手持净瓶杨柳，端庄慈祥的女观音是我们最熟悉的观音形象。民间流传着许多观音化现出的形象，如杨柳观音、送子观音、白衣观音、莲卧观音、施药观音、鱼篮观音等等。这些形象背后，有着菩萨显圣的众多感人故事和传说。

50

为什么和尚要剃光头，而道士却要留长发？

佛教、道教、伊斯兰教、基督教是我国的四大宗教，可是同为宗教人士，和尚和道士的外表却有着很大的差别：和尚要剃光头，而道士却留长发，这天壤之别究竟是因为什么呢？让我们先从佛教和道教的教义说起。

一天，一个年轻的禅者见到了相国寺的独园和尚。为了表示他的悟境，他颇为得意地对独园说道："心、佛，以及众生，三者皆空。现象的真性是空。无悟、无迷、无圣、无凡、无施、无受。"当时独园正在抽烟，未曾答腔。但他突然举起烟筒打了年轻人一下，使得这位年轻的禅者甚为愤怒。"一切皆空，"独园问道，"哪儿来这么大的脾气？"

年轻禅者提到的"空"和"无"是佛教重要的精神。佛教的"空"是告诉世人不要执著于世间的物质与情感，要放下一切执念与偏见，才能达到内心的清净与包容。因此，独园和尚仅仅只是打了年轻禅者一下，就让他明白自己并没有真正领会佛教的教义。因为他没有斩断自己内心的杂念，没有做到一切皆空，才会生气发怒。

和尚要剃光头同样是为了斩断自己与俗世的尘缘，为了让自己能够专心领悟佛法。佛教认为，头发是人们内心的烦恼、欲望、虚荣和感情的产物，剃发就可切断与世俗烦恼的联系，只有去除了这些烦恼，才能成为佛门中人。同时，"身体发肤受之父母"，头发属于身体的一部分，是父母赐予的，出家剃发就表明了自己断绝亲情牵挂的决心，只有落得六根清净，才能一心修行。

道教，是我国土生土长的宗教，也讲究"空"和"无"。但是与佛教不同的是，道教的"空"是指世界上的万事万物都有着自己的规律，即"道"。"道"是万物的本源与规律，研究"道"的目的之一就在于要处理好人与自然的关系。道家所谓"道生一，一生二，二生三，三生万物"，是说"道"是天地万物的本源，"道"能够生成世间的天与地，能够养育自然界中的万物，乃至人类。"道"有着自我调节运动的规律，它的运行就好像拉弓射箭一样，有张有弛，消长有度。

那么，道士为什么要留长发呢？就是因为道教认为头发和万物一样，有着自己的生长之道，留着头发，任其生长，就是顺应它的规律，顺其自然。道家认为，人生在世，也应该做到"无为"，这里的"无为"不是不做任何事，而是不做任何违反自然规律、有损道德规范、违反社会法则以及有害众生的事。只有这样，顺应了社会的规律，才能够"不争自有成"。国家的君主只有做到"无为而治"，让人民自我发展，自我完善，才能够国泰民安，整个社会自然能够安定和谐。

在了解了佛教和道教的教义后，我们就明白了，和尚剃发是为斩断尘缘，道士蓄发是为顺从自然，都有各自的道理。

51

佛寺的主持为什么称为"方丈"？

对于方丈，大家一定不会陌生。古装影视剧中，常常会出现身披袈裟，项挂佛珠，慈眉善目的方丈大师。但是大家如果翻一翻古书，往往会看到书中常有寺院的客人被请到方丈喝茶的描写。如《水浒传》第三回，赵员外带着鲁提辖投奔五台山，智真长老前来迎接时，说的就是："且请员外方丈吃茶。"这里，"方丈"明显不是指人，而是指地方。事实上，把佛寺的主持称为"方丈"，就是源于这一处地方。

河南嵩山少林寺方丈室

"方丈"又称为"方丈室"或者"丈室"等，指的是一丈四方的居室，它是禅寺中住持的居室或客殿。相传这"方丈"之名，来源于维摩诘。维摩诘是早期佛教中著名的居士，传说当时他所居住的石室，就四面一丈宽，"方丈"的称谓就是从这里来的。后来，因为佛寺的主持就住在这样一丈见方的地方，所以他们也就渐渐地被称为"方丈"了。

我们既然已经知道了"方丈"这个称呼的由来，在这不免又要生出这样的疑问来：既然"方丈"是一个寺院的主持，那我们平时在电视上看到的"住持"又是什么人呢？"住持"一词，从文字上来看，是"安住之、维持之"的意思。它原来的意思，是指代替佛来传法、延续佛的慧命的人，后来被用来指称寺院的主持。由于住持居住的地方就称为"方丈"，所以"方丈"也常被引申为住持。说到这里，似乎可以下这样的结论了：佛寺的主持叫方丈，也叫住持，那么方丈就是住持，住持就是方丈了。读者朋友们如果这么想，那可就错啦。

方丈和住持，虽然都指的是佛寺的主持，但他们却不完全相同。简要说来，住持与方丈的根本区别在于住持是"专一"的，而方丈是"共享"的——每个寺庙都有住持，但几个上规模的寺庙群才能有一个方丈，方丈可以兼管多个寺庙，住持就不行。就像任何一个机构或团体需要领导人一样，住持或方丈就是一个寺院的最高领导者，他们担负着老师的职责，指导寺中僧人们的修行。住持或方丈由僧众推选产生，掌管着全寺的教育、行政、法律、布道和财务等事务。就现在的宗教制度来说，住持或方丈要经过宗教管理部门和佛教协会的任命才能生效。

52 唐僧为什么要经历"九九八十一难"才能取得真经？

　　每个民族在自己的历史文化传承中都会涌现出若干影响深远的大师，留下一些不朽的名著，譬如中国的四大名著，而《西游记》无疑以它鲜明的人物个性特征在文学史上树立了一座艺术丰碑。"九九八十一难"是《西游记》故事情节展开和呈现作者思想的主要载体。但历史似乎留下了谜团，那就是唐僧为什么要经历"九九八十一难"而不是"七七四十九难"抑或其他呢？

　　其实，这与中国的传统数字文化有莫大的关系，古人认为"九"是阳数之极，因而帝王称之为"九五之尊"，而"九九八十一"象征着终极圆满之义，在一些寓言故事中"九九"多表事物发展臻于完美的最佳境界。

　　在《西游记》中有几处原文佐证：

　　一、《第三十六回：心猿正处诸缘伏，劈破旁门见月明》："我等若能温养二八，九九成功，那时节，见佛容易，返故田亦易也。""九九"的寓意是和"大功告成"密切相关的。

二、《第九十九回：九九数完魔灭尽，三三行满道归根》："菩萨将难簿目过了一遍，急传声道：'佛门中九九归真，圣僧受过八十难，还少一难，不得完成此数。'即命揭谛：'赶上金刚，还生一难者'。"可见"九九八十一"是佛教哲学体系中"九九归真"思想的具体演绎。

唐僧师徒西天取经故事剪纸

王沐在《悟真篇浅解》中论及道教中也有"七返朱砂返本，九还金液还真"的义理。明代名士陈继儒在《小窗幽记》中说道："佛只是个了仙，也只是个了圣。"唐僧想要成为真正的得道高僧，必须先"七返"即"七七"返本成仙成圣，再经历"九还"即"九九"归真成佛。成佛方能真正"了"，故而在小说的回目九十九回经历第九九八十一难之后，还有最后第一百回"径回东土　五圣成真"，最终完成取经使命，"一了百了"。

其实，《西游记》"九九八十一难"的设定本身未必那么严格，有时作者往往将一难拆成二、三以凑数，如"黄风怪阻"和"请求灵吉"两难其实是一个故事中的两个片段。另外，"八十一难"未必每难都是唐僧本人经历，如"心猿遭害"一难，遭受考验的仅为"孙悟空"。

现在，"九九八十一难"已经成为家喻户晓的一个俗语，比喻一个人想要最终获得成功，取得人生的进步，必须经历诸多磨难和坎坷。

53

寺庙中烧香为什么一般是三支,而不是越多越好?

很多佛教信众在农历初一、十五往往会选择去当地有名的寺庙烧香祈愿,或祈求国泰民安,或祈求金榜题名,或祈求阖府康旺,或祈求财源广进等。但是大部分人烧香一般都是烧三支香,这其中究竟有着怎样的寓意和讲究呢?

佛门中将“烧香”这种行为视作是对“佛”的供养,并以烧檀香视为最佳,因而对拜佛时的态度和举止都是有严格要求的。烧香并非越多越好,以不多不少三支为宜,这三支香代表着两重寓意。一是表示“戒、定、慧”佛教三学:戒学是佛教徒的行动规范和守则;定学是禅定、静虑;慧学是彻悟宇宙人生真相的般若智慧。戒学包括止持戒和作持戒,前者是说佛教徒不能去做的各种恶行和有害他人的行为,后者是指佛教徒要奉行一切善行的规范。佛教认为人只有按照合乎戒学的行为去行动,内心才能宁静安定,品行才能清净无污。定学指的是禅定、静虑,就是说佛教徒必须清除杂念,让自己的心思专注于一境,心无旁骛始终处于精神集中的状态。慧学指的是彻悟宇宙人生真相的智慧,佛教智慧既是佛教守戒习禅的理性基础又是守戒习禅的理性结果。烧香代表要修学“戒”和“定”,方能开显智慧,人生由戒生定,由定生慧。这就是三支香的第一重寓意。

佛法僧印证

“三支香”第二重寓意是表示供养佛、

法、僧三宝。佛教徒是以佛、法、僧三宝作为自己皈依和尊敬的对象的，而不是盲目崇拜民间流行的诸神。在佛教中，佛是大觉者，他是集自觉、觉他、智慧与福德于一身圆满的人；法是由佛所说成佛的方法，以及为什么要成佛的道理；僧是学佛求法，并且帮助佛弘扬佛法，并度世人的出家人。

正所谓"香不在多，心诚则灵"。佛教之所以定"三支香"为宜是大有讲究的。

54
佛教文化中为什么到处可见莲花形象?

说起莲花，我们总会想起北宋周敦颐《爱莲说》中的名句："出淤泥而不染，濯清涟而不妖。"莲花自古是高雅纯洁、清净超然的象征，是非常受欢迎的自然意象。在沉香劈山救母的故事中，有一个神奇的宝莲灯，相传是女娲造人时用过的法器，是天火吸收了日精月华后所变的一盏宝灯，可以驱病攘灾、降妖除魔，法力无边。在佛教文化中，莲花是有着深刻寓意，有着神奇法力的圣物。

莲花座千手观音

　　我们如果去佛寺参观，稍加留意，就会发现众多的莲花形象——佛祖释迦牟尼、阿弥陀佛、观世音菩萨都坐在莲花宝座上；其余的菩萨有的手执莲花，有的脚踏莲花，或作莲花手势，或向人间抛洒莲花；寺院的墙壁、栏杆、拜垫、神帐上，也都有着各式的莲花图案……莲花与佛教的密切关系，由此可见一斑。

　　莲花是佛教的象征。佛教有"花开见佛性"的说法，说人有了莲的心境，就有了佛性。莲花与佛教的亲密关系，还得从佛祖说起。相传佛祖降生时，出现了八种瑞相，其中最主要的一种，就是池中突然长出了大如车轮的白莲花。又说佛祖降生时，他的舌根上放射出千道金光，每一道金光化作一朵千叶白莲，每朵莲花中坐着一位小菩萨。当然，传说归传说，佛教将莲花引为圣物，也有着现实的原因。

　　我们都知道，佛教诞生于印度。印度的夏天气候炎热，而此时盛开的莲花清爽美丽，幽香怡人，让人们在烈烈夏日中感受到了清风拂面的凉意。因此，莲花也成为了印度人民非常喜爱的形象，在众多文学作品中都有它圣洁、美好的身影。佛教创立后，为了弘扬佛法、赢得信徒，佛家迎合了民众的爱莲心理，以莲喻佛，使佛教能够迅速地传播。另一方面，莲花的品格和特性，又与佛教教义相吻合。佛教解脱人生苦难的途径，从尘世到净界、从诸恶到尽善、从凡俗到成佛的过程，与莲花"出污泥而不染"，最终开出洁白美丽花朵的生长过程一致。莲花长在污泥间，好似人处在充满邪恶污秽事物的俗世间，这些邪恶污秽是佛教眼中的"魔"。佛教要求人们不受"魔"的侵扰和影响，到达纯净尽善的彼岸世界——在这方面，莲花无疑就是最好的榜样。

　　佛教文化中，有着众多与莲花相关的说法。佛教圣花称为"莲花"，佛祖释迦牟尼称为"莲花王子"，佛眼称为"莲眼"，菩萨的台座称为

"莲花座"，袈裟称为"莲服"，僧尼受戒称为"莲花戒"，西方极乐世界称为"莲邦"，佛国称为"莲界"，佛教庙宇称为"莲刹"，念佛之人称为"莲胎"，比喻住在莲花之内，如在母胎之中，我们常听说的《法华经》，它的全称就是《妙法莲花经》……圣洁的莲花，象征着佛教超脱红尘。可以说，对佛家来说，莲即是佛，佛即是莲。

55

为什么说"外来的和尚好念经"？

《中华成语俗语辞海》中对"外来的和尚好念经"所作的解释为：比喻看重外地、外单位的经验或人才，轻视本地本单位的人才或经验。但是为什么要用"和尚"与"念经"来表达这一寓意呢？让人颇感费解。这就需要我们联系佛教在中国传播和发展的历史来理解了。

佛教与道教不同，佛教并不是中国本土产生的宗教。它是在两汉之际由印度传入我国的。《后汉书》记载东汉明帝曾夜里梦见有个从西方飞来的金人，大臣傅毅认为这是西方的佛，汉明帝于是派了一批使臣赴天竺（古代印度）求取佛法。

正是因为中国佛教由印度传

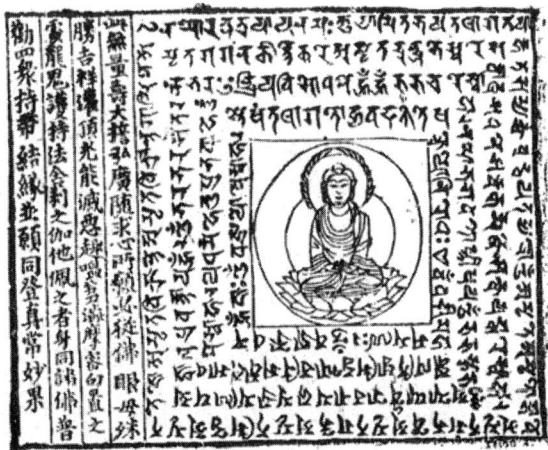

印度梵文佛经

入，因而佛教的经典基本上都是由梵文翻译成汉语的，其中很多是音译的。一个和尚经咒念得不准，对字句的轻重、段落、连读等把握失当，神鬼是难以听懂的，所作的祈祷和诅咒也就失效，故而语音是个非常关键的问题。汉语有一则歇后语"歪嘴的和尚念经——老跑调"说的也正是这个道理。

对于翻译过来的佛经，本土人士相对外来的和尚（印度），在语音、语调和经义的把握上自然不如外来的和尚。这正是"外来的和尚好念经"的历史背景和渊源。所以，这则俗语本想表达这样的意思：外来的（印度）和尚念的经要比本地的和尚念得好。

但是随着时代的变迁，尤其是自鸦片战争以来，人们开始对舶来品盲目地崇拜，对国内的人才和事物往往采取一棍子打死的态度，全盘否定，觉得国外的就一定要比国内的好。在这种背景下，这个俗语常用来讽刺做事或处世不相信身边熟悉的人或事，盲目地崇拜和信奉外来的人和事物。

56 佛教所说的"四大皆空"就是什么都没有了的意思吗？"四大"到底是哪四大？

平时我们说起"空"这个词，第一反应都是"空房间"、"空荡荡"、"空无一人"这些具体可感的事物或成语，这里"空"是什么都没有的意思。佛教里也有一句话，叫做"四大皆空"，那么这个"空"也是这个意思吗？这"四大"又是指"哪"四大呢？

在生活中，你有没有仔细观察过，我们身边的大自然中，有一些东西是永远都存在的？我们人类脚踏的大地，河流海洋里流淌的水，能够照明取暖的火和来自东西南北的风就是自然界中最基本的物质。这些自然界的物质现象在佛教里，就叫做"四大"：即坚性的"地"、湿性的"水"、暖性的"火"、动性的"风"。在佛教的教义里，一切物质的存在都可以归入这"四大"当中。拿人的身体为例，佛教认为，一个人的躯体骨肉就属于"地"，人体内流淌的血液就属于"水"，我们身体的体温就属于"火"，一呼一吸就属于"风"。总之，"地、水、火、风"四大物质元素能够涵盖这个世界上一切的物质。

那为什么要说"四大皆空"呢？在说"空"之前，我们还要说一说佛教中的"缘"。我们都知道"缘分"这个词，人们常说，缘分是一种奇妙的东西，它说不清道不明，但是却成全了世间的很多佳话。那么佛教中的"缘"，也是一种神奇的力量。在佛家人的眼里，世界上所有的事物都因"缘"而产生：在因果法则的运转下，在"缘"这种力量的推动下，产生了宇宙，产生了我们居住的星球，产生了河流山川、草木禽兽，产生了我们人类。同样，我们生活中经历的事情，也是在"缘"的因果作用下，才得以发生。比如，一株树苗能够成长成参天大树，是很多很多因果聚合在一起的结果：有阳光的照耀，有空气提供氧气，有雨水给予水分等等。世间的一切都是在"缘"的作用下，形成因果，运转轮回。

既然我们生活的世界，我们眼中的万物，都是因"缘"而起，那么万物的本质就不是物质的，而是存在于一种因果轮回的关系之中。所以说，自然界中最基础的"地、水、火、风"四大物质元素也都不是存在于我们的眼睛里，而是存在于我们的心里，存在于因果的聚合里。这样说来，万物的本性就是"空"，也就是"四大皆空"。

"缘"没有实体，但并不意味着"缘"不存在；"地、水、火、风"有实体，但并不意味着这"四大"就是自然界的本质。因此，佛教的教义是在说，世间的人不应该执著于眼中看到的物质，你所得到的功名利禄，也都是因果轮回中的浮云而已。如果放下心中的欲望和要求，是不是会活得更轻松自在呢？如此看来，很多出家人将生死看得很淡，也是很有道理的。一个人的生死仅仅是因缘聚合的结果而已，荣华富贵只是心中的欲望而已。如果放下这些心灵的负担，我们的生活也许更简单更快乐。

如此看来，"四大皆空"是不是也是一种人生的智慧呢？

57 中国民间有很多神仙，城市有城隍神，乡村有土地神，家里供财神，海边拜妈祖，他们都属于哪一种宗教？

城隍和作为民间信仰的城隍崇拜，都是伴随着城市产生的。没有城市就没有城隍，城隍可看作是中国道教中的神明。城隍作为神明，犹如其名号一般作为冷兵器时代官府与百姓的保护屏障。古人认为高城深池，捍外卫内，必有神祇主管、统领。于是"城"、"隍"由物化被神化，变为一座城池的保护神，并由此产生了一种新的神明崇拜。城隍神的记载，最早见于周代《礼记》"天子大蜡八，水庸居其七"。水即隍，庸即城垣，水庸也就是城隍。在古时候，天子每到冬至三戌之日的时候，必定会举行祭祀诸农神与土神的祭典，这祭典仪式称之为蜡。城隍神的来源也并不单一，往往不同地域有不同的城隍神，或来源于抗敌护国保佑百姓的英雄豪杰，或为安邦守土造福一方的有功之臣。史载朱元璋曾下旨："朕立城隍神，使人知畏。人有所畏，则不敢妄为。"要求凡莅任官员都得到城隍庙"斋宿庙中"，作清廉不贪的宣誓，并表示接受城隍的监督。台湾知府俞兆岳赴台到任前，就特地到城隍庙宣誓：不贪财、不畏势、不徇私。

主管财源的神明分为两大类：一是道教赐封，二是民间信仰。道教赐封为天官上神，民间信仰为天官天仙。财神是中国民间普遍供奉的一种主管财富的神明，道教赐封并不称为财神，而是在所有官职上加封神明。目前，我国民众供奉的财神主要有七位，分别是：端木赐（子贡：儒商之祖）、范蠡（浙商）、管仲（徽商）、白圭（晋商）、关公（关帝阁）、比干（文财神、冀商之祖）、赵公明。财神是道教俗神，民间流传着多种不同版本的说法，月财神赵公明被奉为正财神，李

上海老城隍庙中的城隍殿

诡祖、比干、范蠡、刘海被奉为文财神，钟馗和关公被奉为赐福镇宅的武财神。日春神青帝和月财神赵公明合称为"春福"，日月二神过年时常被贴在门上。

土地神也属于民间信仰中的地方保护神，也是在道教诸多神灵中地位较低，但是与百姓关系比较密切的神明。"土地神"在中国传统

社会中历来备受重视，"社稷"一语在古代就作为"国家"的代称，而"社稷"本是指古代帝王、诸侯祭祀的土地神和谷神，"社"就是"土地神"。

"妈祖"信仰主要分布于中国东南沿海和东南亚沿海地区，是历代需要出海的渔民、商人、船工、海员等信奉的主要神明，祈求出海一帆风顺，出入平安。相传妈祖真名叫"林默"，故又叫"默娘"，是宋代人。因经常救世济民，庇佑海民故而被朝廷大加册封。沿海人民也为她立庙祭祀，奉为海神。最早只是民间信仰，后来被道教吸收为神祇。2009年10月，妈祖信仰入选联合国教科文组织人类非物质文化遗产代表作名录。

从以上与老百姓关系非常密切的神明崇拜可以大致看出，古代中国民间信仰是非常重视实用性的，所祭祀崇拜的神灵都与自己日常生活衣食住行密切相关。而道教的神明体系具有极强的包容性，中国民间信仰的几乎任何一位神灵都可以在道教体系中被吸收，从而找到相应的位置。

58 "八仙"为什么要过海？

相传，在蓬莱仙岛上有一位白云仙长。有一次他邀请八位仙人到他的岛上欣赏盛开的牡丹。在仙人们赏完花决定腾云驾雾离开仙岛的时候，有一位仙人提议，既然大家各有各的绝活，就不要腾云驾雾回到陆地，何不亮出自己的本领渡海而归呢？众仙听罢，都跃跃欲试，于是大家纷纷来到海边。

这八位仙人，个个都有不得了的本事。只见大家都亮出了自己的宝物：铁拐李拿出了自己修炼金丹的葫芦，这葫芦里的仙药可了不得，能够治愈百病，救人性命；汉钟离摇着自己能伸缩自如的芭蕉扇；张果老骑着自己的坐骑毛驴；曹国舅

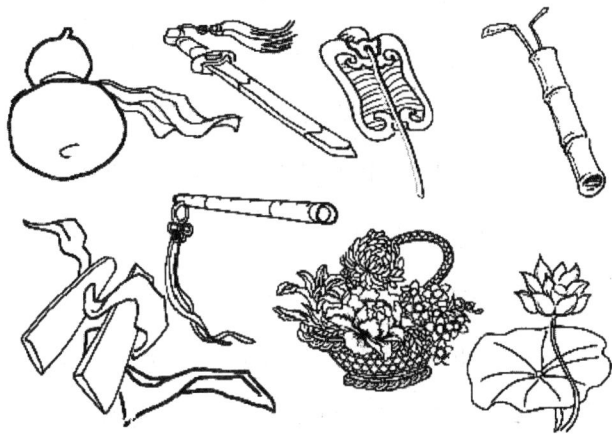

暗八仙

暗八仙，又称八宝，是各显神通过海的八仙手里的宝物或法器。常出现于刺绣、民间艺术中，均代表吉祥之意，而且随场景不同而有变换。其中较为通俗的暗八仙为：葫芦（铁拐李）、芭蕉扇（汉钟离）、花篮（蓝采和）、荷花（何仙姑）、剑（吕洞宾）、笛子（韩湘子）、鱼鼓（张果老）、玉板（曹国舅）。

拿出神器玉板，这玉板能够让万籁无声，神奇得很；吕洞宾拔出背后那把能够降妖除魔的宝剑；韩湘子手持笛子，吹着能够让万物富有灵气的曲子；蓝采和提着装满了奇花异果的花篮；还有这八仙里唯一一位女神仙何仙姑，这位仙姑手拿一朵漂亮的荷花，这仙花不仅出污泥不染，而且能够修身养性。

只见众位仙人将自己的宝物抛向大海，然后跃身而上，瞬间消失在波涛碧海之中……

后来，"八仙过海，各显神通"就用来比喻一个团队里，大家都有一套自己的方法，各自施展自己的本领。因为这八位仙人在传说中成仙的经历各有不同，成仙前的身份也各有不同，所以"八仙"也分别作为男、女、老、少、富、贵、贫、贱八种身份的象征。

现在在我们看到的有关"八仙过海"的书画作品中，他们的形象都是逍遥自在，神态怡然的。但是，"八仙过海"这个神话传说的原型，却不是一个轻松逍遥的故事。

北宋建隆年间，当时的沙门岛（今天的庙岛群岛）是朝廷囚禁犯人的地方。日复一日，年复一年，犯了罪的军人都被发配到这个荒凉的岛上监狱。可是随着犯人数量的增加，岛上的粮食越来越少，不够养活所有的犯人。看守这个岛的头目想出了一个残忍的法子，只要犯人超过300人，他就把一些罪犯的手脚捆绑了，扔进大海。剩下的犯人为了活命，经常跳水逃跑，但是他们大部分人都被凶猛的海浪吞噬。一次，又有50多名囚犯得到即将被投海的消息，他们为了逃命，便抱着葫芦、木头等能够有浮力的东西跳进海里，往蓬莱方向游去。在海里，大部分人都由于体力不支而被海水淹死，只有八个身强体健、泳技高超的人，借着海潮游到了岸边。后来，他们被当地的渔民发现，当大家知道他们是从沙门岛游过来的时候，都惊诧不已，视八人为"神人"。他们的故事越传越远，越传越神。于是八个囚犯在传说中变成八位神仙，他们在海中借助的物品也成为八件宝器。

59

中国的宇宙飞船被命名为"神舟×号"，这样的叫法有什么渊源吗？

北京时间2013年6月11日，在酒泉卫星发射中心，神舟十号载人飞船发射升空，准确进入预定轨道。中华民族探索宇宙的飞天梦想，再一次扬帆启航。

　　"神舟"这个名字，真可谓名副其实——能够把人类带出地球，奔向浩瀚、神秘宇宙的神奇飞船。今天，我们用自行研制的、具有国际先进水平的飞船，实现了飞天的梦想。千年之前，我们的祖先也渴望着探索宇宙，而且传说他们也有实现梦想的"神舟"。

　　西晋时张华的志怪小说集《博物志》，记载着这样一个故事：传说中大海与天河相通，当时有一个人住在海中的小沙洲上，每年八月会有浮槎（chá，木筏）准时来去。他非常好奇，终于有一次，他鼓足勇气登上了浮槎。浮槎载着他离了岸，十几天内，他穿过了日月星辰，后来就飘飘忽忽不知白天黑夜了。又过了十几天，他来到

清康熙年间槎形酒杯

　　古人将酒杯做成浮槎的形状，有着深刻的文化内涵：一是源于《博物志》有关传说的记载；二是唐代诗句中常提及浮槎："宾至星槎落，仙来月宇空""厩马翩翩禁外逢，星槎上汉杳难从"等。因此"星槎"和"乘槎"变成流行的吉祥用语，多用以称颂升官或比喻贵宾光临，也用做工艺美术品的题材，深得文人士大夫的喜爱。

了一个有着整齐房屋的城市，远远地望见很多织女，还有一个男子牵着牛在水边饮牛。这个牵牛人见了他非常惊讶，问他怎么到的这里，他说了实情，并问这是什么地方。牵牛人让他回去问蜀地的严君平。这个人没有上岸，如期乘槎回到了家里，后来他找到了严君平。严君平推算说某年某月某日，有客星犯牵牛星。而这一天，恰恰是他到达天河的时间。

　　古代的天河，就是我们今天所谓的银河；这种浮槎，就是传说中一种来往于海上和宇宙间的木筏；而严君平是西汉时蜀郡（今四川）著名

的隐士,靠替人占卜为生。这是一个有着浪漫色彩的古代科幻故事,但它所反映出来的渴望探索宇宙奥秘的梦想,与我们今天依旧相通。这条神奇的"八月槎",就是古代的"神舟"了。

"神舟"之名,在意义上与古代乘槎拜访宇宙的故事相通,在发音上又与"神州"相同。2005年"神舟六号"成功发射后,有的媒体不小心把"神舟"错写成了"神州",这却正好反映出当初给飞船命名时的又一重考虑。我国的载人航天工程开始于上世纪九十年代初,当时飞船的取名有好几个方案。最后,除了考虑到船在汉语里又被称为"舟",用"神舟"来称呼飞船再形象、贴切不过,又考虑到了"神舟"与"神州"音同。

"神州",代指中国:古时候,中国也被称为"赤县神州",传说古代炎帝统辖的土地称为赤县,黄帝统辖的土地称为神州,后来炎帝被黄帝打败,于是中国被统称为"赤县神州",但人们也还用"神州"、"赤县"来指称中国,且"神州"又比"赤县"用得多。用"神舟"为飞船命名,也就有了一语双关的意义,寓示着中国航天事业一飞冲天的美好前景。

60 宋代的词和现代的歌词都叫"词",二者有什么相同之处吗?

我们现在的音乐创作,有"作曲填词"的情况,也有"作词谱曲"的情况。作曲填词,指的是先有曲,再根据曲来写词;作词谱曲则是先写好词,再根据词来编曲。今天流传下来的古人的词,事实上就是古代的歌词,但是古人在写歌词时,受到的约束可比我们现在多得多。

古人作词，更确切地说，应该是"填词"。"词"是一种文学与音乐相结合的艺术样式，每一首词都有词牌，它相当于我们今天的曲谱，但是内涵要丰富得多。我们非常熟悉的"如梦令"、"点绛唇"、"浣溪沙"、"菩萨

齐白石篆刻词牌名的四面印
印文分别为：千秋岁，一剪梅，醉花阴，浪淘沙。

蛮"和"虞美人"等等，都是词牌名。词牌决定了一首词有几片、几句话、几个字，而且一般一个词牌有着比较固定的思想情感。可以说，在选定了词牌之后，一首词的文字形式和音乐曲调就大致固定下来了。接下来，就是词人照着这个词牌的要求，考虑平仄、对仗、押韵等因素，进行"填空"工作了。严格按照词牌填词，虽然能够在咏唱时充满抑扬顿挫的美感，但对于词人来说，是对其音律、才学的考验，又多少束缚了手脚。所以，到了大文豪苏轼那里，他不再过分计较音律，而更加重视词的内容，这一点对后来的词人影响很大。

古往今来，词人们填了不知道多少首词，光流传下来的宋词就有两万首左右。词牌的数量虽然不少，但常用的也就一百多个。在这种情况下，就出现了一个词人重复使用一个词牌，不同的词人使用同一词牌填词的现象。比如，"蝶恋花"这个词牌名，李煜、苏轼、柳永、欧阳修、辛弃疾等都写过。李清照用"如梦令"这个词牌写过的词，流传下来的至少有三首。

说到这里，我们可以一起来做一个小结：古代的词和现代的歌词，

总的来说都是歌词,它们都和一定的曲调配合,用于演唱;古代根据词牌进行填词,一个调子通常有很多个版本的词;今天我们通常是一首曲子对应一套歌词,但有时候一首曲子也有国语、粤语、英文等不同版本的歌词。我们平时可能常以"李清照的《如梦令》"指代她最有名的以"昨夜雨疏风骤,浓睡不消残酒"开头的那首词,但事实上这样说是不准确的。因为我们已经知道"如梦令"只是词牌名,不是这首词的名字,单说"李清照的《如梦令》"可不止一首呢!而事实上,古代的词并没有题目,所以通常情况下,多用词牌名加这首词的第一句来指称一首词,如称"李清照的《如梦令(昨夜雨疏风骤)》"就准确得多。由于在宋代词的写作非常流行,有的词人会在词牌名下另加题目,或者写一段小序加以说明和区分。

61

"清谈误国,实干兴邦","清谈"是什么意思?

"清谈"一词,由于盛行于魏晋时期,因而往往被称之为"魏晋清谈"。是魏晋时期的知识分子和贵族,以探讨人生、社会、宇宙的哲理为主要内容,主要体现玄学老子和庄子的思想,以讲究修辞技巧的谈说论辩为基本方式而进行的社会交际活动。

在清谈盛行的魏晋时期,国家形势是非常紧张的,可以说是"内忧外患"并存:外界有中原和少数民族的不断侵扰;国内有各种政治力量为了自己的利益争来夺去。司马家族通过谋权篡位的非正常手段建立起来的西晋，为了证明政权的合法性不断施行高压政策。这个时期可以说是中国政治混乱、社会黑暗的时代，清谈就是在这样的时代背景下产生的。

"清谈"其实有很深的历史渊源，它源于东汉末年的"清议"，最早是国家为了选拔人才，找一批有社会威望的人对某个人的个人能力和品行进行评议。后来发展为对国家大事的一些品评。东汉末年影响最大的清议事件就是三万多名太学生与陈蕃、李膺等朝廷大臣联合起来，对当时宦官把持的黑暗政局进行冲击，大胆抨击时政，品评当政人物的言论。

但是"清谈"却没有把这种针砭时弊的风格持续下来。当时清议名士的一些激进言论往往会招致统治者的嫉恨，惹怒当权派，孔融、祢衡等相继被曹操陷害致死。晋代以

清代吴友如《竹林七贤图》

后，司马家族更是不允许这些自命清高的名士们对朝政指手划脚。于是，那种谈论政治的风气逐渐演变为专谈玄理的清谈，玄理思想主要是老子和庄子哲学的道家思想。王羲之的《兰亭序》叙述的："永和九年，……暮春之初，会于会稽山阴之兰亭，修禊事也。群贤毕至，少长咸集……"实际上就是一场清谈盛会。当时非常有名的清谈名士还有竹林七贤，他们为了躲避政治迫害，往往装疯卖傻、纵情酒色，清谈名士的行为在常人看来都非常怪诞。如刘伶有次在屋子里面光着身子纵情

饮酒，有人进屋找他，见他此种窘态，来人对其进行讥讽，他针锋相对地说道：天地是我的房屋，屋子是我的衣裤，你为什么要钻进我的裤裆里来？

62

王羲之的《兰亭序》被称为"天下第一行书"，还有天下第二、第三行书吗？

东晋王羲之的《兰亭序》，记叙了会稽（今属浙江绍兴）兰亭周围的山水之美和聚会的欢乐之情，并且抒发了人生苦短、生死无常的感慨，是一篇非常优秀的散文。王羲之是"书圣"，行书、草书、楷书、隶书都很擅长，但其行书"天质自然，丰神盖代"，最为精妙。写作《兰亭序》时，王羲之正值壮年，书法技艺已臻成熟，这篇书法虽然只有二十八列，三百二十四个字，但章法、结构、笔法都堪称完美。《兰亭序》自从诞生以来，一直受到历代书法家的敬仰，被称作"天下第一行书"。古代书法大家很多，各有成就，但元代书法家鲜于枢独把"天下第二行书"、"天下第三行书"的殊荣，给了唐代和宋代的两位书法家，他们是谁呢？我们也一起来敬仰一番吧。

颜真卿是唐代的著名书法家，他与唐代的柳公权、欧阳询、元代的赵孟頫并称为"楷书四大家"。我们平时所说的"颜体"，指的就是颜真卿的楷体书法。这种颜体书法艺术对后世影响深远，许多大家都从中汲取经验。被誉为"天下第二行书"的，是颜真卿的《祭侄帖》。这是一幅行草作品，它的内容是追述堂兄颜杲卿和堂侄颜季明在安禄山反叛时，挺身而出，坚决抵抗，最后父子双亡的悲剧故事。颜真卿听说亲人遇难，悲愤交加，写成了这篇祭文。这篇书法是一个稿本，所以有一些删改涂抹的地方，但正因为如此，我们可以从中看到作者的构思和情怀，体味其中的"真妙"。俗话说，字如其人。颜氏一门忠烈，颜真卿为人清正廉洁，具有君子之风，这篇《祭侄帖》笔势雄奇，姿态横生，可以说是书法美和人格美的完美结合。

颜真卿《祭侄帖》

宋代的苏轼，是我们再熟悉不过的大家了，他不仅诗文词赋写得极好，也很擅长书法和绘画，与黄庭坚、米芾和蔡襄并称"北宋书法四大家"。苏轼的《寒食帖》，被认为是"天下第三行书"。《寒食帖》的内容，是苏轼在被贬黄州第三年的寒食节所写的两首五言诗。我们今天已经不怎么过寒食节了，但在古代，寒食节是一个非常重要的日子，它一般在清明节前的一两天。这一天家家禁止生火，只吃冷食，也有的地方在寒食节回乡扫墓。这一年寒食，匆匆逝去的春光，多雨寒冷的天气，穷困潦倒的生活，想回故乡而回不去的愁思，被贬官而不得志的心情，如此种种都让苏轼心里充满了惆怅孤独的情绪，这两首诗读来也就显得苍凉多情。《寒食帖》是苏轼行书的代表作，虽然只有一百多字，但写得错落有致、变化万千，而又起伏跌宕、畅快淋漓，成为对后世书法影响巨大的作品。

黄庭坚曾赞叹说《寒食帖》诗歌写得像李白而有过之无不及，书法写得有颜真卿、杨凝式、李建中等大家之妙，是苏轼本人书法艺术的巅峰。

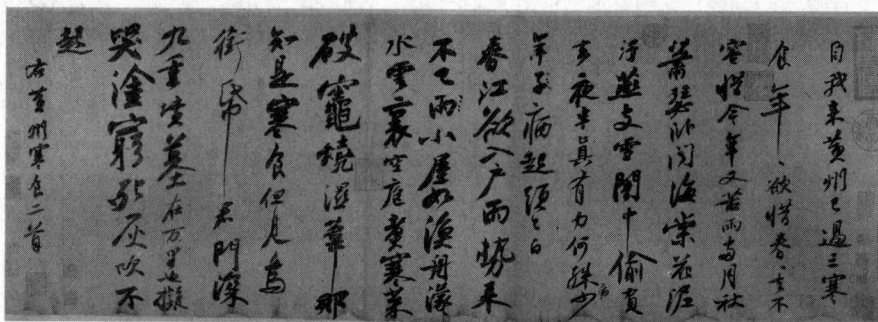

台北故宫博物院藏苏轼《寒食帖》

63

宋朝有一个皇帝是第一流的书画家，但他最后的下场却特别悲惨，他是谁？

五代十国时，历史上出了一位不关心政事最终亡了国的词人皇帝李煜。到了宋代，又出了一位不擅长政事最终死在敌国的艺术家皇帝宋徽宗。元代写《宋史》的人曾感叹说，宋徽宗什么事都能做，就是不能做皇帝。徽宗名叫赵佶，在做王爷的时候就酷爱艺术，尤其喜欢书画，还擅长词赋、声歌（用以抒情遣怀的诗词歌赋等作品）、吹弹等。因为哥哥哲宗没有儿子，所以哲宗去世后，他鬼使神差地被推上了皇位。

皇帝的身份，给了赵佶巨大的便利来发展兴趣爱好。他成立了翰林图画院，到处搜罗书画、古物。他把绘画作为科举考试内容，把全国的优秀画手招进宫来，还下令编辑了许多有关书画的书籍。宋徽宗常以古诗词为题，来考核画家。相传有一次他出题"踏花归来马蹄香"，画家们都犯了难："香"这个看不见摸不着的东西要如何表达？最后，有人画骑马踏春归来，手里捏一枝花，有人画马蹄上沾着花瓣的。徽宗看了，沉默不语。忽然，他被一幅画所吸引，细看之后拍手叫绝。只见那画上有几只蝴蝶飞舞在奔跑的马蹄周围，果然香气扑鼻！还有一次，徽宗让画"山中藏古寺"。获得第一的人，根本没有画任何房屋，只画了一个和尚在山溪边挑水。由此可见，中国画的意境真是妙不可言。

宋徽宗作画主张形神兼备，他的工笔画技艺高超、工整巧密、华丽精细。花鸟、山水、人物、楼阁等题材他都很擅长，其作品《芙蓉锦鸡图》、《竹禽图》、《池塘秋晚》等都是精品。徽宗的书法也是一流，楷书、行书和草书等都写得极好。他还自创了一种"瘦金书"，笔画瘦细而有弹性，挺拔秀丽、洒脱犀利，即使是不太懂书法的人看了也会惊叹。他提倡诗、书、画、印结合，他的很多作品，就是这四门艺术的结合——欣赏书画的同时，还能品赏诗歌和印章。宋徽宗曾收藏《清明上河图》，现在我们能看到的"清明

宋徽宗赵佶《芙蓉锦鸡图》

上河图"的题字，就是宋徽宗的瘦金体，旁边还有他的双龙小印。几百年来，很多人模仿瘦金体，却没有人能得其神韵。那样的书法功力、涵养和心境，恐怕也只有天生艺术家的赵佶能兼有吧。

由于皇帝只关心艺术，北宋的政权落在一群奸臣手里，百姓苦不堪

宋徽宗赵佶《秾芳诗帖》

　　台北故宫博物院藏，大字楷书，每行两字，共二十行。书法结体潇洒，笔致劲健，为赵佶 "瘦金书" 代表作。清代陈邦彦曾跋赵佶瘦金书《秾芳诗帖》："此卷以画法作书，脱去笔墨畦径，行间如幽兰丛竹，泠泠作风雨声。" 既是对这一诗帖的评赞，也是对 "瘦金书" 艺术效果很好的概括。

言。《水浒传》中所写的起义故事，就发生在这个时候。当时北宋与北方的金国战事不断，公元1125年，金人大举南下，匆忙之中徽宗把皇位传给了儿子钦宗。1126年，金人攻破开封。第二年，他们将徽宗、钦宗、皇室、后宫、官员以及乐工、工匠等几千人押往北方，北宋灭亡。这就是历史上的 "靖康之变"。宋徽宗做了九年阶下囚，受尽折磨和凌辱，最终死在了北方。他的遗骸多年后才得以运回，而这个时候已经是南宋了。据说，当年在听到宫中财宝被洗劫一空时，宋徽宗毫不在乎，但听到皇家藏书被抢，他禁不住仰天长叹。这不禁让人唏嘘：真是一位艺术家的情怀啊！

64

据说现在的艺术品拍卖会上，一件元代青花瓷能够卖出上亿元的天价，这些瓷器在古代也特别值钱吗？

　　景德镇的瓷器现在享誉世界，"瓷器" 英文译作 "china"，和中国

"China"的英文翻译，除了拼写有大小写之分外，是一模一样的。瓷器，可以说是中国的名片。那么，瓷器在中国是什么时候发明的呢？它在中国的地位又如何呢？

瓷器脱胎于陶器，它的前身是原始青瓷，是由陶器向瓷器过渡阶段中的产物，早在4200年前就有了。中国真正意义上的瓷器产生于东汉时期。这时的瓷器中心在浙江地区，因为这里盛产制作瓷器所需的瓷土，加上那时人们南迁和厚葬习俗盛行，瓷器工艺得以发展。唐宋元明清是我国瓷器工艺大发展时期：从唐代开始，瓷器的制作技术和艺术创作已达到高度成熟；宋代制瓷业蓬勃发展，名窑涌现；元朝时期，元帝国在景德镇设立"浮梁瓷局"，景德镇成为全国的瓷器中心；明清时代从制坯、装饰、施釉到烧成，技术上又都超过前代。明朝时候，景德镇各种颜色釉瓷和彩绘瓷是其制瓷水平的突出代表。

青花瓷是中国瓷器的主流品种，也是现在瓷器中最为人所知的瓷器。成熟的青花瓷出现在元代景德镇的湖田窑。它是用含氧化钴的钴矿为原料，在陶瓷坯体上描绘纹饰，再罩上一层透明釉，经高温还原焰一次烧成。钴料烧成后变成蓝色，具有着色力强、颜色鲜艳、烧成率高的特点，呈现出来的颜色也很稳定，因此受到普遍喜爱。元代的青花瓷，其花纹装饰构图丰满，层次分明，多而不乱，线条流畅。纹饰的题

元青花鬼谷子下山图罐

材也多种多样，人物、山水、花鸟等等不一而足。

除了青花瓷以外，中国古代四大名瓷还有青花玲珑瓷、粉彩瓷和颜色釉瓷。青花玲珑瓷巧在融入了镂空技术，把青花和玲珑艺术巧妙地融合在了一起。粉彩瓷主要是以粉彩为装饰手法，淡雅中不乏雍容华贵。颜色釉瓷五彩缤纷，像浑然天成的宝石一样，晶莹夺目。

中国的瓷器从唐代开始就沿陆路和海路畅销世界，宋元时期是瓷器外输的第二个阶段，明清时期是瓷器外销的黄金期。瓷器像丝绸一样，在海外受到极大欢迎，由开始的亚洲中心地区遍及全球。瓷器在当时只是当作日用品外销，价格适中，没有达到现在作为收藏品的天价。

65 据说唐代的时候，只要把一部不算太厚的书读熟了，参加科举考试就有一半成功的可能，这是部什么书？

古代学子参加科举考试，说起来可不比今天的高考轻松，只有通过了科举，他们才有可能做官，才能兼济天下，实现建功立业的梦想。为了通过高考，我们有五花八门的参考书。为了科举，古人也有一些捷径。古代有句话说"《文选》烂，秀才半"，说的就是这个捷径。《文选》是一本怎样神奇的书，居然只要把它读得滚瓜烂熟，就有考上秀才的一半机会了？

《文选》是南朝梁时萧统主持编写的一部诗文选集。萧统是梁武帝萧衍的长子，曾被立为太子，但是没来得及即位就死了。因为他死后谥号"昭明"，所以后人多称他为"昭明太子"，这部集子也就常被称为《昭明文选》。萧统自身本就是个富有才情的文学家，他酷爱读书，喜欢招纳贤才，身边聚集着一批文学之士，大家常在一起探讨学术、创作诗文。《文选》就是在这样的背景下诞生的。

《昭明文选》书影

《昭明文选》是我国最早的诗文选集，它选录了从先秦到梁代一百三十多位作家的诗文辞赋共三十卷，七百多篇，分为"赋"、"诗"、"骚"、"诏"、"表"、"论"等三十八类，其中赋和诗这两类收得最多，大约占到了全书的一半。在挑选作品时，萧统已经注意到了文学作品与一般著作的区别，在《文选》序言里，就说明这部书不选经书、诸子、历史传记，但遵循"事出于沉思，义归乎翰藻"的选文标准，即在选材方面事实虽美，但毫无系统而且不是文学上有意的创作品则放在一边。《文选》也选入了一些历史传记中寓意深刻、文辞华美的赞、论、序、述。

《文选》基本包括了从先秦到梁代所有的重要作品，我们所熟悉的《古诗十九首》、《离骚》、《出师表》、《报任安书》、《过秦论》等，都收录了进来。许多作品，更是因为《文选》的选录，才得以流传到今天。《昭明文选》由此成为我国历史上影响最深远的诗文选集。唐代的科举考试中诗赋非常重要，学子必须精通《文选》。到了宋代，科举考试中策论很重要，《文选》更被称为"文章祖宗"。

今天，研究曹雪芹《红楼梦》的"红学"大受欢迎。殊不知早在隋唐时，研究萧统《文选》的"《选》学"就已经很有人气了。《文选》原来只有三十卷，唐代著名学者李善为它做注，把它的篇幅扩大到了六十卷，这个版本常被称为"李善注"。后来又有唐代的吕向、吕延济、刘良、张铣和李周翰五位学者为它做注，这个版本被称为"五臣注"。再后来有人把这六个人的注解合在一起出版，这个版本就称为"六臣注"。直到现在，"《选》学"依旧是与现实联系密切、引起社会广泛关注的一门学问，足见这本书的价值和意义了。

66 为什么在敦煌的沙漠中一个不起眼的山坡上，竟隐藏着震惊世界的艺术瑰宝？

从西晋到北魏的这段历史，被称为五胡十六国时期。话说就在十六国之一的前秦，有一天一位法名乐尊的僧人云游到了今天的甘肃敦煌，他忽然看到三危山上金光万丈，好像万佛现身，于是感悟到这里应该是佛教圣地，随后在敦煌开凿了第一个佛窟。此后，禅师们在此建洞修禅，当时的统治者也信奉佛教，大力支持建造石窟。莫高窟就这样在敦煌鸣沙山的断崖上发展了起来。

据说"莫高窟"原名"漠高窟"，意为沙漠高处的石窟，因为古代"漠"与"莫"通用，所以渐渐地被称为"莫高窟"。敦煌是古代丝绸之路上的重镇，是当时中外文化、艺术交流的前沿阵地，伴随着丝绸之路的繁荣，莫高窟的兴建在隋唐时进入了全盛期。直到元代，莫高窟的兴建才基本结束。据说武则天时有洞窟千余个，但经过自然和人为的破坏，我们今天能看到的有492个，其中大部分开凿于隋唐时。另有壁画45000余平方米，彩塑2415身，飞天塑像4000余身。莫高窟南北长1600余米，上下五层，最高处达50米，错落有致，壮观异常。

莫高窟又俗称千佛洞，经过近千年的开凿，它成为集各时期建筑、石刻、壁画、彩塑艺术为一体的、世界上现存规模最大、内容最丰富的佛教艺术圣地，早在1987年就被列为了"世界文化遗产"。建筑艺术、彩塑艺术和壁画艺术，是敦煌艺术宝库中三颗耀眼的明珠。

莫高窟中的建筑，在反映了古代民族建筑艺术成就的同时，又含有古代艺术家对外族艺术消化、吸收的成果。它们是现存古建筑的杰作，具有极高的研究价值。我国的石窟艺术来源于印度，印度石窟造像以石雕为主，但莫高窟岩质不适合雕刻，所以以泥塑壁画为主，彩塑也就成为敦煌艺术的主体。佛像、菩萨像、弟子像，以及天王、金刚、力士、神等题材，丰富的想象力，高超的雕塑技艺，精巧逼真的作品，还有高达345米的塑像和仅仅2厘米左右的浮雕：莫高窟就是一座彩塑博物馆！莫高窟还是世

敦煌榆林窟第25窟壁画中的伎乐飞天

界上最大的"画廊"，它的壁画排列起来，能伸展30多公里。壁画是敦煌艺术中数量最大、内容最丰富的部分，与彩塑相互映衬、相得益彰。我们若去敦煌参观，可以在洞窟的四周和窟顶，看到画着佛像、仙女、伎乐等的五彩壁画。这些壁画既有反映宗教题材的，也有描绘当时生产劳动场面、社会生活场景的，是研究宗教文化和古代社会的宝贵资料。从壁画中，我们还可以看到各个朝代不同的绘画风格，以及古人在绘画领域所吸取的外族艺术精华。既然说到了敦煌壁画，总不免提起"飞天"形象。壁画中常可见到翩翩起舞的飞天，已成为敦煌壁画的象征，她那淡雅清丽的形象也早已深入人心。

宋朝时，随着航海业的发展，丝绸之路逐渐衰落。元朝以后，丝绸之路被废弃，莫高窟的身影逐渐淡出了人们的视野，却也得以在好几百年间基本保存了原貌。公元1900年，莫高窟中的一个密室被发现，里面藏有从三国魏晋到北宋时期的经卷、文书等文物五万多件！这就是后来震惊世界的藏经洞。可惜当时正值清末，封建王朝正处在风雨飘摇之中，以致这些国宝没有得到朝廷应有的重视，反被慕名而来的西方人低价买去了许多，这些中华文化的瑰宝至今还散落在世界各地的博物馆。今天，专门研究藏经洞典籍和敦煌艺术的"敦煌学"，已是国际性的研究学科，它向全世界展示着中国文化、艺术的辉煌灿烂，展示着中国人民的聪明智慧。

67

小明的爸爸妈妈一点都不会唱戏,却在家里一个"唱黑脸",一个"唱红脸",这是为什么?

小明在学校犯了错误,回到家里,爸爸把他狠狠批评了一顿。可是妈妈却不断帮小明说话,然后语重心长地教育了小明。小明的奶奶在一旁说:"小明啊,你看你的爸爸妈妈,真是一个唱黑脸,一个唱红脸!"小明很纳闷,爸爸妈妈又不会唱戏,奶奶的话究竟是什么意思呢?

原来,在我国的国粹京剧里,脸谱的颜色可以代表不同性格的人物。演员都不用开口,观众就能够根据他们脸上的颜色判断这个角色是好人还是坏人,是忠臣还是奸臣。你可别小瞧了脸谱,这其中的学问可大着呢!

京剧脸谱主要有红、黑、白、蓝、紫、金、绿等颜色,下面我们一一来看,这些颜色都代表什么意思。

红色代表忠诚耿直的形象,比如三国戏里面忠义的代表关羽,就是京剧中著名的红脸形象。

黑色代表严肃认真的人物形象,比如包青天包拯。同时,黑脸也代表着豪爽狂放、孔武有力的性格,比如三国戏中的张飞、水浒戏中的李逵。

白色代表阴险狡诈,诡计多端的形象。比如三国戏中的曹操,在京剧中的脸谱就是白整脸。

蓝色代表刚直勇猛、侠肝义胆的人物,如盗御马的窦尔敦。

紫色代表稳重、富有正义感的人物形象。比

关羽京剧脸谱剪纸

张飞京剧脸谱邮票

如《二进宫》中的徐延昭、《鱼肠剑》中的专诸。

金色则多用来表示神仙一类的角色。比如《闹天宫》里的如来佛、二郎神。

绿色常常用来展现绿林好汉的人物形象,你能想起来谁是绿脸吗?

那京剧脸谱中的这些寓意,都是从何而来呢?京剧脸谱艺术起源于生活,又是对生活的夸张和放大。比如生活中我们常说,一个人的脸色可以"晒得漆黑、吓得煞白、臊得通红、病得焦黄",这些颜色间接体现了人物的心理活动、情绪波动。因此,用颜色来表示不同的性格特征,不仅形象生动,而且增添了戏曲的艺术性和观赏性。有的时候,也会根据剧中人物的身份、名字来确定他脸谱的颜色。比如关羽的儿子就沿袭了父亲的红脸,齐桓公因为号"小白"而用了白脸。

除了颜色,京剧脸谱中也常常带有人物典型的面部特征,在脸谱中添加一些特殊的图案。如包青天额头上的白月牙,二郎神脸谱上的三只眼,窦尔敦脸谱上的兵器,北斗星君脸上的七星图。

说完了京剧中脸谱的寓意,我们再回头来看看"一个唱黑脸,一个唱红脸"这句话的含义。如果按照上面说到的脸谱中红色和黑色代表的意义,红脸和黑脸都是正面的角色,可是为什么奶奶要说小明的爸爸妈妈一个唱红脸,一个唱黑脸呢?原来,这句话后来发展出了别的意思:用"唱红脸"来比喻好好先生、和事佬,用"唱黑脸"来比喻喜欢批评别人的人。所以,在小明的家里,批评小明的爸爸在"唱黑脸",一边和事的妈妈在"唱红脸"。

68

媒人常常被称为"红娘"，这有什么来历？

中国有一句古话："天上无云不下雨，地上无媒不成亲。"指的是媒人作为男女婚姻的桥梁，从中起着牵线搭桥的重要作用。媒人也称"红娘"，是我国旧时婚姻的基本要素之一。下面，我们就来追溯一下"红娘"的由来。

"红娘"这个人物最早出现在中国唐代元稹的唐传奇《莺莺传》中，"成名"于元代著名杂剧作家王实甫的古典戏剧《西厢记》。在王实甫的《西厢记》中，红娘身不堪命，自小便沦为相府千金崔莺莺的贴身小丫鬟。

而她的主人崔莺莺是相府的大家闺秀，从小读书识字、赏花饮茶，但深院关不住少女初开的情窦，崔莺莺在普救寺里和书生张生相遇相识，并彼此产生了爱意。他们"月下联吟"、"道场顾盼"，彼此相思。

红娘身为崔家的奴婢，服侍和看管小姐莺莺就是她的职责，所以最开始的时候红娘不仅没有"搭桥"，而且在一段时间

![明末画家陈洪绶《西厢记》插画《窥简》]

明末画家陈洪绶《西厢记》插画《窥简》

这幅插画描绘了红娘传书的情景：一只手指吮在嘴边，一手放在背后，表情喜悦调皮。

里曾经奉崔母之命监视他们的行动。

兵匪孙飞虎看上了崔莺莺，兵围普救寺，要强娶莺莺为妻，还扬言三天之内若不交出莺莺，就一把火把整个寺庙烧了，杀光里边所有的人。在此危难之际崔母当众宣布："但有退兵之策的，倒陪房奁，断送莺莺与他为妻。"张生请白马将军引兵相助，打退了贼兵。然而崔母在庆功宴上却出尔反尔，悔亲赖婚。"赖婚"之举伤透了张生，害苦了莺莺，更激起了红娘极大的不满。

从此红娘坚决地站在了张生的立场上，打抱不平地要成就张生与莺莺的婚事。红娘为张生进计献策，让张生在月下弹琴，去感动莺莺。同时，红娘也为二人传话递信，成为连接二人爱情的桥梁。在这个过程中，红娘两头受气，不仅常常忍受着小姐无端的指责，而且也受着崔母无情的拷问和棍责。但是红娘仍然无私地竭尽心力帮助，而且还巧妙地说服了崔母将莺莺许配给张生。一波三折之后，崔、张这对有情人终成眷属。

正因为有了红娘，才促成了崔莺莺和张生的结合。红娘不仅仅是一个牵线搭桥者，红娘的大胆、率直、助人为乐、成人之美等品质更是中华民族一种美好道德的象征。

在封建礼教背景下的传统中国，红娘的出现便成为了那些追求自由美满婚姻的青年男女的救星。于是，"红娘"便成为中国后来"媒人"的代名词。

69

西方人用五颜六色的颜料画画，而中国人却主要用墨汁画画，这样能画出各种颜色的景物吗？

中西方绘画技艺的差异与中西方的绘画风格以及绘画风格背后贯穿的民族精神有着十分密切的关系。中国人的传统绘画是以"写意"为主的，西方人的绘画是以"写实"为主的。

中国文化的哲学核心强调"天人合一"，追求的理想世界是天、地、人三方面的和谐统一、和平共处。人是自然的一部分，在人与自然、人与社会的关系中强调人要顺应自然，强调个人的"小我"必须融入民族的乃至宇宙的"大我"。

因而中国画追求的目标不是再现自然，而是重在"立意"，将画家个人的思想情感以及"天人合一"的人文关怀融入到画作中去。作画的目的是表现人的情感和修养，追求"神似"。因而国画的线条是基本造型手段，色彩是从属性的，而且从不画光影明暗。中国画不论描绘山水、花鸟人物都离不开线条的运用。画家们总是靠粗粗细细的线条来

唐代王维绘《溪山雪霁图》

勾勒造型，然后敷以颜色。这些颜色有时是单黑的，有时是五彩的，它们往往也会被精心区分出干、湿与浓、淡，而这些差别一般都不会被明显地强调。中国画常常是要让观赏者从并不丰富的色彩层次中去领略世界的五彩斑斓，去想象物体的凹凸远近。中国画视觉感受的获得往往都不是画家直接描写出来，而需要欣赏者积极参与其中，运用个人的想象和人生阅历的再现，勾勒出画作的神韵。

与此相反，西方文化中的哲学内涵往往体现出来的是人与自然的对立，即以天人分离的观念为基础。在西方哲学体系中，人与自然、人与社会的关系，要么是神超越自然、宗教的权力至高无上，要么就是人要驾驭自然、征服自然，人是世界万物的中心。从表面上看虽有差异，但是人和自然、人和社会始终都处于对立关系中，很难说真正地统一到了一起。西方自然科学发展的指导方法论多是演绎法和解析法，努力将客观物质世界拆分成一个个的要素，是一种分析的路线。而中国是以归纳法为主，将散见的事物聚合到一起，描写其中的规律与差异。

在这种观念的主导下，西方人的绘画是想要凸显人类能够认识自然、征服自然的主题，从而获得人生幸福。因而西方人的绘画强调客观地表现现实世界，是一种"写实"的手法，画家要以尽可能的手法，比如运用色彩和光影明暗去描绘出所看到的客观世界，不能掺杂过多主观色彩。这是西方绘画与中国画在形式上最重要的区别。

70 为什么现在看到的《富春山居图》被分成了一大一小的两段？

2011年6月1日上午10时，经过各方的努力和长期的准备，"山水合璧——黄公望与《富春山居图》特展"开幕式在台北故宫博物院举行。在分隔三个多世纪之后，《富春山居图》的两部分终于重逢！既然是一幅作品，怎么就成了两段，如今又怎么分隔这么遥远？说起来，那就是这幅名画多灾多难的命运了。

《富春山居图》是元代黄公望为友人郑樗（别号"无用师"）而画，是"中国十大传世名画"之一。黄公望是一位有文才、有志向的文人，他曾做书吏，中年时受牵连入狱，出狱后信奉道教，云游四方，以诗酒书画为伴。据记载，黄公望三十一岁才开始作画，虽然起步较晚，但他有着全面的文化修养和极高的艺术天赋。他在临摹古代名家作品中积累了深厚的功力，吸收了众家之长，再加上坚持师法自然的创作理念，逐渐形成了自己独特的艺术风格，并后来居上，成为"元四家"（黄公望、吴镇、王蒙、倪瓒）中最有声望的一位。

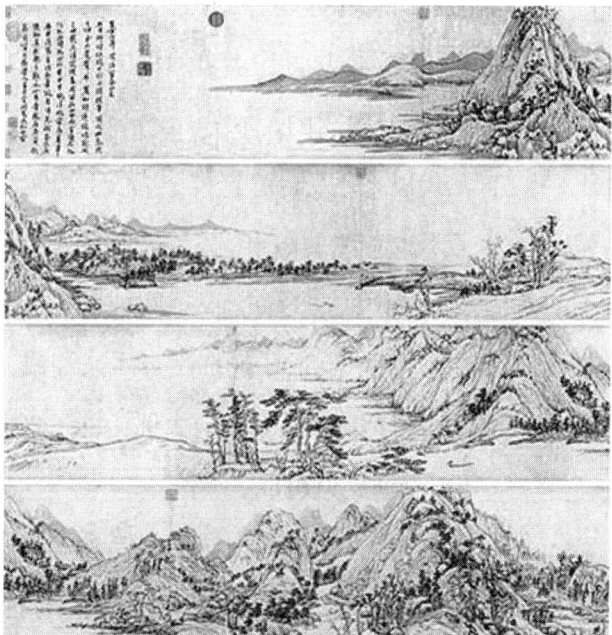

元代黄公望绘《富春山居图》

黄公望热爱自然，擅长山水画。若要画山水，他必定亲临体察，先于画卷而有的是经过亲身体验的好山好水，这样的"胸有成竹"，怎怕画不出好作品呢！五十多岁后，黄公望定居在富春江畔，也就是在这里，他开始专心从事绘画。虽曾遍游名山大川，但最让黄公望喜欢的，还是这片江南山水，他把对富春山水的一腔深情，全部画进了《富春山居图》。在构思创作时，黄公望已经年近八十，但他依旧不辞辛劳地奔波于富春江两岸，观察林间氤氲，考察山崖陡险。他随身带着纸笔，一遇到好景就马上把它定格在纸上。深入的考察和切身的体验，为创作打下了坚实的基础。此时，他的画技已炉火纯青，这幅传奇作品的诞生，好似鬼斧神工，实际上却是水到渠成。画作完成时，黄公望已经年过八旬。《富春山居图》用笔简练，虚实相生，图中峰峦起伏，佳木成林，一片雄壮苍莽中有着无穷的变化，又有渔舟小桥、亭台飞泉，自然淡雅，富有野趣。画中湿笔和干笔的运用有如神助，将水墨意趣发挥到了极致，尽显作者自然浑成的艺术境界。

《富春山居图》体现了山水画的最高境界，被誉为"画中之兰亭"。自元代以来，人们对它推崇备至，常常以一睹真迹为荣。这其间，还产生了不少有趣的故事。先说明代的沈周，他得到《富春山居图》后把它交给了一位朋友题跋，没想到被朋友的儿子偷去卖了。后来沈周偶然间又在画摊上见到了，赶忙飞奔回家筹钱，不料赶回去时画已经被买走，他不由得捶胸顿足，放声大哭，由于太过想念，他凭着记忆把画背摹了一份，没想到这也成了杰作。

明末时，《富春山居图》传到了收藏家吴洪裕手中。吴洪裕对它由爱及痴，几十年间吃饭睡觉都随身携带。临死前，他居然让家人将此画焚烧殉葬！幸亏他的侄子及时从火中救出画作，但这幅旷世名作已经被烧成了两段：前段较短，后来被称为《剩山图》；后段则被称为《无用师卷》。抗战期间，为躲避战火，《无用师卷》辗转到了台湾，现收藏于台北故宫博物院。《剩山图》几经流沛后被收藏于浙江省博物馆。炎黄子孙无不翘首企盼祖国统一，《富春山居图》也能够早日珠联璧合。

71

古代没有广播电视，各地怎样才能及时地了解京城所发生的大事小情？

今天，我们可以从广播、报纸、电视、网络等渠道获得和交换信息，古人当然也有这样的需要。那么在没有什么通迅技术可言的古代，人们如何才能及时了解京城发生的大事小情？古代的邸（dǐ）报，就是这样应运而生的。

有人认为，我国古代的邸报是世界上最早的报纸。有的西方人认为，罗马帝国凯撒大帝在公元前59年创建的《每日纪闻》是最早的报纸。但我国的邸报出现在公元前2世纪左右的西汉初年，说起来可比《每日纪闻》早了大约一个世纪。西汉时实行郡县制，全国被分成若干个郡，郡下再分县。每个郡在京城都有当时的"驻京办事处"，这个地方就叫做"邸"。"邸"里住着"驻京代表"，他们的任务就是充当皇帝与各郡长官的专门联络员，定期把皇帝的圣旨、臣子的奏议以及宫廷大事等通过信使传送给各郡长官。汉代的邸报，从名称到运作方式，成为后代沿袭、学习的对象。

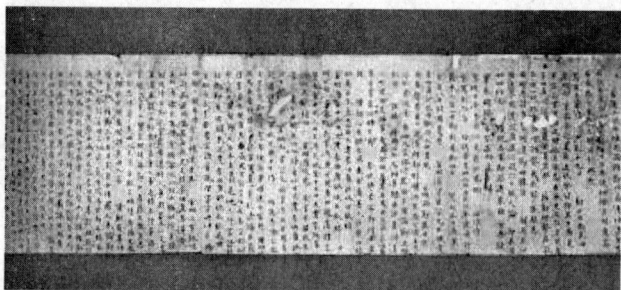

英国伦敦不列颠图书馆藏唐僖宗光启三年《敦煌进奏院状》

也有观点认为，唐代的进奏院状，是目前有确切证据可考的我国古代最早的传播媒介，它才是报纸最早的雏形。进奏院是唐时的一个机构，它所传发的文书就称为"进奏院状"。唐代时在边境地区设立藩镇，设置节度使。节度使在京城设立办事机构，这种机构后来被统称为"上都知进奏院"，简称"进奏院"。进奏院不受中央政府管辖，只对地方节度使负责，它的职责包括协调节度使与中央政府间的关系，办理藩镇和朝廷联系交涉的各项事宜，以及为地方采编、通报京城的各类政治信息等。今天我们已经只能看到两份唐代的进奏院状了，据考证，它们都是唐僖宗时由京城的进奏官发给当时驻守敦煌沙州的归义军节度使的，其中较早的一份发于唐僖宗光启三年（887）。

唐代的进奏院状具有官报的性质，但还不是由中央下发的正式官报，它属于一种由官文书向正式官报转化过程中的原始状态的报纸。宋代时，进奏院状仍是主要的官方媒介形式，但它的审查变得严格了，它的编辑由官方控制，进奏院必须定期将编好的文书送到枢密院核查，经过批准的样本被称为"定本"，这样的"定本"才能印刷发行。北宋末年，还出现了一种民间小报，进奏院官员、朝廷官吏、书肆主人等都可以参与编写。从此，新闻的传播不再只有官方途径，新闻的类型也更加丰富、活泼，更加贴近民众生活。这种小报在南宋时十分盛行，当时就称为"新闻"。

72

练书法的人常常提到"颜筋柳骨"，难道字也有筋骨吗？

颜真卿和柳公权是中国书法史上彪炳史册之人，他们二人的书法是学书人的楷模。"颜筋柳骨"是说颜真卿的书法，雄强浑厚，韧若筋带，世称"颜体"；柳公权的书法间架严谨，风骨挺拔，故有"柳骨"之说，世称"柳体"。"筋"在书法中的所指也是多向的，有的指笔锋，有的是针对执笔悬腕作书时，筋脉相连有势而言。书法家谈论"骨"的时候，往往用"点如坠石"举例，说的是一个点要凝聚运动的力量，这种力量要能够很好地展示书法家的内心境界。这一说法最早见于范仲淹《祭石学士文》："曼卿之笔，颜筋柳骨，散落人间，实为神物。"那么"颜筋柳骨"是不是说颜真卿的书法就是没有"骨"，柳公权的书法缺乏"筋"了呢？不是的，颜真卿的书法也是很有骨力的，只是柳公权的书法在"骨力"方面表现得更加突出，但也并非无肉，仅是趋于瘦削而已。

颜体楷书的代表作有《千福寺多宝塔碑》、《东方朔画像赞碑》、《麻姑仙坛记》、《颜帷贞家庙碑》等，行书名作有《祭侄季明文稿》、《争座位帖》、《刘中使帖》等；柳书的代表作有《玄秘塔碑》和《神策军碑》。以上作品都是千百年来人们学书法时争相摹写的范本。

唐代柳公权楷书《玄秘塔碑》（局部）

　　"颜筋柳骨"中"筋"、"骨"指的并不是人身体构造的一部分，而是中国传统美学中的一个重要概念，可以上溯到魏晋南北朝时期，这其中有个从人物品行评判的辞藻到美学领域转换的过程，而这种转换过程最早在中国书法中得到实现。在书法领域中，"筋"、"骨"的内涵，现代美学家宗白华说："骨，就是笔墨落纸有力、突出，从内部发挥一种力量，虽不讲透视却可以有立体感，对我们产生一种感动力量。"

　　魏末的韦诞云已经开始用本是人的身体构造一部分的"骨力"来评论书法家的书写特点，"杜氏（杜度）杰有骨力，而字笔微瘦"。魏末晋初的杨泉也在《草书赋》中用"骨梗强壮"来形容草书点线笔画的刚劲。到了晋初，有名的书法家卫瓘就更加明确地在评论书法作品时提出了"筋、骨、肉"这样的概念，"常云我得伯英之筋，桓得其骨，靖得其肉"。这对书法理论是一个极大的开拓和发展。到了宋代苏轼《论书》："书必有神、气、骨、肉、血，五者阙一，不为成书也。"晚清的康有为除了在政治上颇有成就外，他的书法也是非常棒的，他曾说："书若人然，须备筋骨血肉，血浓骨老，筋藏肉莹，加之姿态奇逸，可谓美矣。"

　　当然，从知人论世的角度来看，为何历史上那么多书法家，独独用"筋"、"骨"来形容颜真卿和柳公权的书法风格呢？这与他们独特的人格魅力也是有很大关系的。颜真卿一生对国家忠心耿耿，哪怕面临叛贼以死相威胁也坚决不肯屈服，最终壮烈殉国，他浑厚坚韧、正大方严的书法风格何尝不是这种品格的写照？柳公权一生则以直言敢谏而闻名，在皇帝荒淫放纵，群臣唯唯诺诺一味奉承时，孤身顶撞，这与他的书法风格"笔笔严正，字字铮骨"也是交相呼应的。也正因如此，在众多书法家中，唯独他们二人能够获得用"筋"和"骨"来形容的殊荣。

73 你喜欢听评书吗？古代是不是也有类似的表演艺术呢？

评书又称说书、评话等，是一门由一人演说，敷演长篇历史或现代故事的艺术。早期，评书的表演形式为一人坐于桌子后面，以折扇和醒木为道具，说书人身着传统长衫进行演说，后来发展为不固定衣着、不用道具的站立表演。评书是一门广受欢迎的传统曲艺，凭借引人入胜的故事、成熟的演说技巧和亲切的表演氛围，吸引了大批的粉丝。单田芳老师是我们都很熟悉的评书大家，有句话说"凡有井水处，皆听单田芳"，形象地反映出了他在演说《隋唐演义》等代表作品时所引发的万人空巷听评书的热潮。

我国的说书艺术早在一千多年前就有了。与今天的评说相似的艺术形式，在古代称为"说话"。宋元时期，"说话"艺术非常繁荣，它以世俗化的内容，口语化的语言，将古今故事、市井生活等演述得津津有味，是当时非常有人气的演出形式。

古代"说话"所指的内容，是很丰富的。"话"字在当时的含义与今天不同，它是"故事"的意思，"说话"的本义，就是口传故事。唐朝时，宫中就有为皇帝解闷的"说话"活动。到了宋代，随着城市经济的繁荣，勾栏瓦舍

中国国家博物馆藏东汉击鼓说唱佣

等戏曲表演场所林立，更是掀起了一场全民娱乐狂潮。当时的"说话"有"四家"：小说，说经，讲史，合生（或曰"说公案、说铁骑儿"）。其中"小说"以烟粉、灵怪、传奇、公案等故事为主；"说经"主要讲说佛教经典和人物故事；"讲史"述说前代兴废、战争故事。这最后一种合生的相关资料较少，大概是一种即兴的说唱技艺。若从内容上追溯渊源，与现在的评书血脉最亲的，当属"小说"和"讲史"了。

"说话"活动中，以口传故事为蓝本的文字记录，称为"话本"，讲史话本又称"平话"。明清章回体小说，与宋元"说话"有着非常紧密的关系，我们可以从多个方面看到宋元话本对明清小说的影响。

体裁形式上，说话艺人在讲长篇故事时，需要分段讲述，他们用题目告诉听众主要内容，又往往在情节关键处戛然而止，对应的话本就出现了分卷分目的特点，这是章回小说分回标目的起源。题材内容上，话本为小说提供了素材和内容，历史演义、英雄传奇、市井世情等，成为后来小说选材的主流。语言上，有别于传统诗文，"说话"不是"雅正"的艺术，它以口语说通俗的故事。从《三国演义》的半文半白，到后来的纯粹白话，章回小说继承了这一特点，以口语、俗语写小说，大大地发展了通俗文学。在读古典小说时，在一回的开头或情节衔接处常见的"话说"、"却说"、"且说"、"上回说到"等字眼，都是当初说话人的惯用语。小说一回末尾的"欲知后事如何，且听下回分解"等，也是说话艺人常用的制造悬念、吸引观众继续捧场的手法，这些都是话本影响章回小说的证据。追溯起来，"四大名著"中的《三国演义》和《水浒传》，与"讲史"话本渊源不浅，《三国志平话》对于《三国演义》，《大宋宣和遗事》对于《水浒传》有着不容忽视的影响，而说经话本《大唐三藏取经诗话》对《西游记》的成书，也有着很大的影响。

74 我们常说的"二十四史"就是二十四个朝代的历史吗？

由于我们平时没什么必要把"二十四史"一一地数出来，所以不免会产生这样的误解，认为"二十四史"是我国古代二十四个朝代的历史。事实上，"二十四史"是古代的二十四本史书，它们所记录的，可以说是整个民族的历史。

"二十四史"，分为西汉司马迁的《史记》、东汉班固的《汉书》、南朝宋范晔的《后汉书》、西晋陈寿的《三国志》、唐代房玄龄等的《晋书》、南朝梁沈约的《宋书》、南朝梁萧子显的《南齐书》、唐代姚思廉的《梁书》和《陈书》、北齐魏收的《魏书》、唐代李百药的《北齐书》、唐代令狐德棻等的《周书》、唐代魏征等的《隋书》、唐代李延寿的《南史》和《北史》、后晋刘昫等的《旧唐书》、宋代欧阳修和宋祁的《新唐

清刻本五百七十册"二十四史"

书》、宋代薛居正等的《旧五代史》、宋代欧阳修的《新五代史》、元代脱脱等的《宋史》《辽史》《金史》、明代宋濂等的《元史》、清代张廷玉等的《明史》。这二十四部书,记录了从传说中的黄帝时期(前2550),到明崇祯十七年(1644)间的历史,历代政治、经济、文化、艺术和科学技术等各方面的事迹全部包含其中,共计3000多卷,大约4000万字。《史记》是我国第一部纪传体史书,后世的史学家多仿效它的体例,"二十四史"就全部采用纪传体,列有本纪、列传等。

"二十四史"又称"正史",是被纳为正统的史书。中华民族向来重视历史,历朝历代都有史书撰写。除了正史,还有与之相对的野史。正史主要由官方主持编撰,以帝王传记为纲领,由宫廷史官撰写;野史则指未经官方授权的私家编写的史书。不过我们今天所说的野史,一般指内容多杜撰,偏离历史史实的史书。从体例上来说,史书又有纪传体、编年体、国别体、通史、断代史等。在古代,记载某一朝的正史往往不止一种,在人们有意挑拣、确立正统的同时,历史的优胜劣汰也在起着作用,"二十四史"就是这样形成的。

东汉的《东观汉记》曾与《史记》、《汉书》合称"三史",后来范晔以它为底本写成《后汉书》,原书逐渐佚失,"三史"的地位也被取代;而后增《三国志》,与"三史"合称"前四史"。再后来,记载了三国、晋、宋、齐、梁、陈、北魏、北齐、北周、隋朝历史的"十史"与"三史"并称"十三代史"。宋时又增《南史》、《北史》、《新唐书》、《新五代史》,合称"十七史",明时又增《宋史》、《辽史》、《金史》、《元史》,合称"二十一史"。清乾隆初年,增《明史》,合称"二十二史",后又增《旧唐书》,合称"二十三史",后来乾隆钦定《旧五代史》为正史,合称"钦定二十四史"。从此,"正史"一词,也专指"二十四史"。

75

"文房四宝"是哪"四宝"？

要问"文房四宝"是什么，恐怕连幼儿园的小朋友都会回答说"笔墨纸砚"。可是，你有没有想过，这"文房四宝"中的每一样，其实都是绝对的中国特色！而且对于古人来说，它们的意义远不止是写字、画画的工具。

今天，我们可以用钢笔、圆珠笔、中性笔等来写字，古人的选择就仅限于毛笔。春秋战国时人们就用毛笔了，但当时吴国叫"不律"，楚国叫"幸"，秦始皇统一中国后才统称"毛笔"。毛笔是用兽毛扎成笔头，再粘结在管状的笔杆上制成的。一管毛笔就很有讲究，一支好笔应该"尖、齐、圆、健"——笔锋尖锐、修削整齐、笔头圆润、弹性强写出的字刚健有力。毛笔有两百多种，材料不同，大小不同。大家逛公园时，有时候或者可以看到有人用巨大的毛笔在地上写字。毛笔中最大的这种叫楂笔，笔杆比碗口还粗，有几十斤重，想用它写字，怕是先得健身练练力气。

墨是书写和绘画的黑色颜料，也有朱墨和各种彩色墨。墨由炭黑、松烟和胶等做成，它的发明，大约比笔要晚一些。汉代时出现了人工制墨，之前一般用天然墨或半天然墨。魏晋南北朝时，制墨工艺和墨

文房四宝

的质量不断提高，出现了专门讲述制墨工艺的文章。墨要加水研磨，才能产生墨水，这时候就需要砚了。砚，俗称砚台，它由原始社会的研磨器演变而来。汉代时砚就已经流行。到了宋代，砚台的使用更加普遍。明清两代的砚台更是品种繁多。最初，砚台只是一面平整的石器，后来取材越来越丰富，造型也越来越多变。铜砚、陶砚、银砚、瓷砚、瓦砚、铁砚、玉砚等纷纷出现，有的被加上了石盖，有的还被安上了足。由于材质坚固，能够长久流传，又往往集合造型、雕刻、绘画艺术于一身，所以砚台成为古代文人墨客的收藏品，至今热门。

有了笔、墨和砚，没有纸，当然是不行的。古人发明造纸术后，千千万万种纸被造了出来，但这"文房四宝"中的纸，指的还是宣纸。传说东汉的造纸家蔡伦死后，弟子孔丹很想造出一种世上最好的纸来为师父画像，但一直没有成功。有一天他看到一棵老青檀树倒在溪边，由于常年的日晒水泡，树皮已经腐烂变白，露出一缕缕修长洁净的纤维。他用这种纤维，经过反复试验，终于造出一种质地绝好的纸，这就是宣纸。安徽省泾县是宣纸的发祥地，但因为这种纸多在宣城集散，所以称为宣纸。宣纸洁白平滑、质地柔韧、吸水力强，特别适合毛笔书写，而且不会褪色、易于保存。从唐代开始，宣纸就服务于书画创作了。一张好纸，一支好笔，砚中新磨成的墨水，经过神思巧手，就能诞生绝妙的书画。

"文房四宝"之名，南北朝时就有了。但古人嘴里的"文房四宝"，它的所指可没有我们今天这么笼统。南唐时，它特指诸葛笔、徽州李廷圭墨、澄心堂纸、婺源龙尾砚；宋朝以来，它特指湖笔、徽墨、宣纸、端砚和歙砚。这些都是纸墨笔砚中的精品，一般百姓是难以亲近的。

76
北京奥运会上所击打的"缶"是什么样的乐器？

2008年8月8日晚8点，在北京的"鸟巢"，2008名青年军人击缶而歌，欢迎来自世界各地的朋友，北京奥运会正式拉开了序幕。这场激动人心的演奏，把缶这种古老的乐器重新带回了人们的视野。

缶是春秋战国时秦国的一种乐器。秦朝的丞相李斯，就曾经在文章中写道，宴会上秦国的贵族在喝酒喝到半酣时拍击瓦缶，打着拍子唱歌。司马迁《史记·廉颇蔺相如列传》中也有"击缶"的记载。当时，秦王和赵王在渑池相会，秦王借着酒劲，让赵王鼓瑟，因为秦国强大，赵王虽然不愿意，也只得照做。秦国的史官马上得意洋洋地记下了，说某年某月某日，秦王令赵王鼓瑟。当时陪同赵王出使的蔺相如见状，上前请秦王依照秦国传统来击缶助兴。秦王不愿意，蔺相如坚持跪请，甚至以死相逼。秦王没有办法，只得击了一下缶。蔺相如马上让赵国史官记录，说某年某月某日，"秦王为赵王击缶"，为赵国争回了颜面。从这些故事中，我们可以看到，缶在当时被运用得很广泛。

我国古代的乐器，根据制作材料的不同，分为金、

战国曾侯乙铜鉴缶

石、丝、竹、匏、土、革、木这八种。古代的缶就属于其中的土类乐器，它主要是一种瓦器，有圆圆的肚子，小小的口，还带盖，主要用来盛放酒浆之类的液体。除了做盛放东西的器皿，缶还有个功能，就是做乐器。首先，既然主要是盛酒用的，那么在宴席上，人们很容易就能看到缶的身影。大家喝了点酒，来了兴致，顺手拿过缶来或敲击或拍打，节拍就有了，再顺着节拍唱上一首自己最喜欢的歌，这场宴会的气氛就足够好了。缶作为乐器的功能，想来也就是这样被发现的。而且，容器里装的酒的容量不同，击打后发出来的声音的高低清浊也不相同，如果宴会上大家都拿起手边的缶来击打，再唱上一首大家耳熟能详的歌，这场面怕是能赶上一场交响乐演出了！

北京奥运会开幕式击缶图

北京奥运会开幕式上所用的缶，和古代的缶不完全相同。首先，从造型上来说，它与古代主要呈罐状的缶的外形很不同。它方正庄严的样子，主要参考了我国上世纪出土的战国时期的"曾侯乙铜鉴缶"。这个铜鉴缶是一件造型奇特、工艺精湛的大型酒具。它的外面是鉴，里面是缶，鉴与缶之间有着较大的空隙，夏天放冰块，冬天存热水，这样就能喝到"冬暖夏凉"的酒了！古人有古人的智慧，我们今人有今人的智慧，还有现代的高科技。我们把LED灯装进奥运缶，利用声光电等高科技手段打造了一曲别开生面的迎宾曲。

77

《水浒传》中，林冲被"刺配沧州"，这到底是一种什么样的刑罚？

《水浒传》中，80万禁军教头林冲因为得罪权贵而遭人陷害，获罪"刺配沧州"。一路上，他屡遭暗算，几乎丧命，后来奋起反抗，终于被逼上梁山，成为英雄好汉之一。《水浒传》中被"刺配"的好汉，还有宋江、武松、杨志、卢俊义等。即使是从小说中，我们也可知"刺配"之刑在宋代运用之广泛了。

"刺配"开始于五代十国的后晋时期，起初"刺"和"配"是两种不同的刑罚，只是后来并用而合称了。夏商周时期，有"墨、劓（yì）、剕（fèi）、宫、辟"这五刑，"刺"就源于其中的"墨刑"，秦朝时也称"黥（qíng）刑"，是一种在犯人的面额上刺字，并染上黑色的刑罚。隋唐后，多以"笞、杖、徒、流、死"这"新五刑"代替残酷的"旧五刑"。"新五刑"中的"流刑"，就是"配刑"的前身了。古代有"徙"、"流"、"配"等名称不同性质相近的刑罚，都有将犯人送到边远地区服劳役或戍守的意思。

"墨黥"之刑，本来是对轻罪者的惩罚，但到了后晋时期，统治者企图以严刑峻法维护社会秩序，他们将这一古老的刑罚开挖出来，又结合新近流行的"徙"、"流"，创造出了"刺配"之刑。宋代时，"刺配"仅次于死刑，被作为对死刑的宽宥来执行。虽则如此，当时的手段也是极其残酷的——"既杖其背，又配其人，且刺其面"，犯人要被杖责，被刺面，被流配，根本就是犯一事而受三种重罚。对于健硕英勇的梁山好汉来说，这"刺配"或许尚可忍受，但对于一般人而言，恐怕是生不如死，

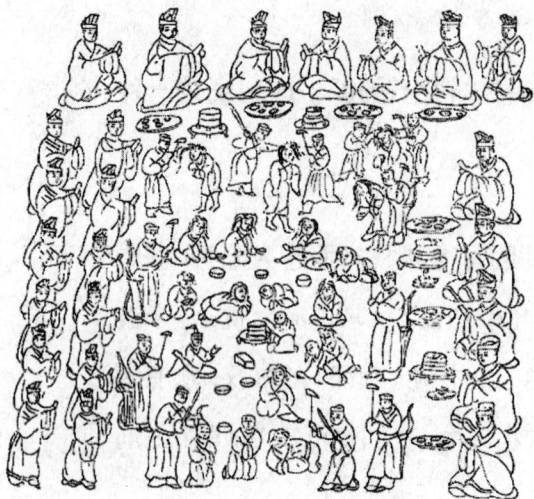

山东诸城东汉墓出土描绘罪人被施行髡黥刑罚场面的画像石摹本

至于在挨了杖责在赶路的途中就呜呼哀哉了，也是不足为奇的。

《宋史》记载说，当时"刺配"之法有二百多条，根据犯罪情节的轻重具体选择。在"刺配"范围上，当是有"刺配"本州、邻州、500里、1000里、2000里、3000里及沙门岛等不同等级；在两颊刺字上，有"大刺"和"小刺"之分，重罪者刺大字，罪行不同，环行、方形、圆形等字形不同；刺字的内容，除了"选配某州（府）牢城"外，也有把案件性质、服役种类、服刑年限等刺在脸上的。到达发配地点之后，所服劳役的种类很多，充当军役是最常见的一种，这也就是《水浒中》中"贼配军"这骂人的话的由来了。服役也有一定的期限，若遇朝廷大赦，其中犯罪情节较轻，或服役期间表现较好的可以释放回家，而罪行严重的，则可能要服役终生。

北宋前期，刺配之罪仅四五十条。到了南宋前期，已剧增到了五百多条。许多罪不至死的犯人也被"刺配"，直接造成了州郡牢城营中刺配犯人的超额。北宋末年，抗击金兵的草莽英雄中不少人就是曾被刺面的罪犯，这种用针刺后再染色的刺字难以消褪，南宋建立后，他们要到朝廷受赏，若不是宋高宗发诏特许，带着这样的刺字可是不得入朝的。

元朝时，"刺配"之刑发展成了刺面、刺左右臂、刺项。明清时则更多的是刺左右臂，此后渐渐荒废，直至清末废除。

78 古代的大理寺是寺院吗?

乍看之下，"大理寺"很有些佛寺的味道。我们如果在影视作品中看到说某人去了大理寺，可千万不要以为他是去什么佛寺出家了，事实上，他是去国家司法机关上任了。

秦汉时期，负责刑狱、审核各地刑狱重案的国家机关被称为"廷尉"，其间几次改名，但又改回旧名。汉景帝时，曾改"廷尉"为"大理"，"理"在古代有"掌刑"的意思，景帝在"理"前加以"大"字，取天官贵人之牢曰"大理"之义。北齐时期，这一国家的最高司法机关被定名为"大理寺"。隋朝及之后，"大理寺"之名得到了长时间的沿用，清代时则改称"大理院"。

今天，说起"寺"，我们想起的多是寺院，古代为什么把国家机关称为"寺"呢? 把佛教出家人居住的地方称为"寺"，那是佛教传入中国后才有的说法，在此之前，以"寺"称官署却是常例。"寺"字，在古代与"侍"、"是"通，原指皇帝以下最高一级的中央办事机构，寓意着宫廷的侍卫人员敬顺皇帝的旨意，也表示精确、不容置疑、不容改变。以"寺"命名的官署，在秦朝时就有，汉代时建立"三公九卿"制，三公的官署称为"府"，九卿的官署就称为"寺"。

古代大理寺的地位，约等于今天的最高人民法院。设置大理寺的最初目的，在于约束地方的司法权力。地方官员的司法权力很大，可自行判处犯人死刑，这难免会酿成冤案。于是朝廷以大理寺为复审机关，力图"推情定法"、"刑必当罪"，希望"狱以无冤"。

位于安徽合肥包公祠中的包拯塑像

不同历史时期，大理寺的具体职能和运作方法有所不同。唐时，规定一旦遇到重大案件，大理寺必须与刑部、御史中丞会审，称为"三司使"。宋袭唐制，大理寺是审判机关，刑部是对大理寺判决的复核机关，又有御史台负责对官员犯法的审判，因此实际上是由大理寺、刑部、御史台共同行使审判权。明、清时，"三法司"是审判机关，即大理寺、刑部和都察院，刑部掌握审判权，大理寺负责复核，都察院负责监督、纠察。这一时期大理寺和刑部的职能，与唐宋时正好相反。

时代不同，大理寺的官员设置不尽相同。从隋朝起，大理寺的常驻官员有大理寺卿、大理少卿、寺正、大理寺丞等。其中，大理寺卿是大理寺的最高长官，大理少卿是副职，正副长官掌折狱、详刑；寺正也称大理正，掌议狱，正科条；大理寺丞掌分判寺事，正刑之轻重。大理寺是执掌生死大权的机构，因此选择正直、能干的官员入职大理寺，是一件非常重要的事情。妇孺皆知的包公包青天四十二岁曾任大理寺丞一职。近年电视剧《神探狄仁杰》很受观众欢迎，历史上的狄仁杰也曾任大理寺丞。正史记载说，他在一年之内处理了涉及一万七千人的众多陈年旧案，他断案"平恕"，公平又宽厚，他经手的案件没有一人喊冤。看来，"神探"的传奇，还是名副其实的。

79

为什么我们把岳父称为"泰山"？

五岳，是中国五大名山的总称，它们分别是东岳泰山、南岳衡山、西岳华山、北岳恒山、中岳嵩山。古人形容"泰山吞西华，压南衡，驾中嵩，轶北恒，为五岳之长"。同时，古代传统认为，东方为万物交替、初春生发之地，故称泰山为"五岳之长"、"五岳独尊"。又因泰山本身风景壮丽，气势磅礴，故有"天下名山第一"的美誉。亲爱的读者，你有没有想过，为什么现代人把岳父称为"泰山"呢？

我国历朝历代的文献都有记载，皇帝经常在泰山举行庆典，来祭祀祖先，祈求风调雨顺、国泰民安。泰山也是皇帝举行封禅大典的地方。因为泰山是东部第一高山，这里能够在第一时间看到太阳升起，古代的帝王认为在这里能够接近天地，便于与先祖交流、向神灵祈祷，也能够显示自己的至高皇权是上天赐予的。秦始皇是第一个在泰山举行大规模封禅仪式的帝王，在这高耸的山峰之上封禅祭祀，天神必将赐予吉祥丰顺。从此以后，便逐渐形成了泰山封禅大典的传统。

有一次，唐明皇也就是唐玄宗到泰山封禅，他任命当时的宰相张说担任封禅使。张说趁机把自己本是九品芝麻官的女婿郑镒也带了过去。这样，郑镒也随皇帝参加了封禅大典。按照当时的官制，凡是跟随皇帝参加封禅的丞相以下各级官员，都可以升一级官职。宰相张说利用这次机会，把郑镒连提四级，升为五品。于是，郑镒便脱去了九品的官服，换上了五品的大红色官服。刚刚晋升的郑镒好不威风，四处炫耀。但是这件事很快就传到了唐玄宗的耳朵里。于是唐玄宗便问这是怎么回事，

泰山丈人峰

心虚的郑镒支支吾吾, 不知该如何作答。这时, 在一旁有一个叫黄幡的人, 他说话一向擅长讽刺, 黄幡替郑镒回答说: "此泰山之力也!" 一句话妙语双关, 在场的人一下子就心知肚明。幸运的是唐玄宗并没有深究, 郑镒就这样蒙混过关了。

后来, "泰山之力"的故事便被人们口口相传, 流传下来, 也开始有人把妻子的父亲称作"泰山"。因泰山又称为"东岳", 所以也把丈人叫做"岳父", 一直沿袭至今。到现在, 称岳父为"泰山"的说法已经没有了讽刺的意味, 而变成了对长辈的敬称。

至今, 泰山上还有一座状似老叟的石峰叫"丈人峰"。看来, 泰山和岳父的渊源还真不浅呢!

80

古代有外国人在我国做官吗?

今天, 在我国的许多城市都能见到外国朋友。他们在这里或留学, 或游览, 或做生意, 不一而足。在古代, 也有外国人来到中国学习、游历、传教、经商等。有的甚至还受到朝廷的任用, 在中国做起了大官。

唐朝是当时世界上最强盛的王朝，发达的经济与文化，开放的社会风气，曾吸引了众多"老外"来唐王朝做官。据记载，当时有三千外国人曾在唐朝做官，其中晁衡就是很有名的一位。晁衡是日本的遣唐使，他的日本全名叫阿倍朝臣仲麻吕。晁衡从小聪明、勤奋，酷爱汉文学，十九岁时"留学"中国，从国子监太学毕业后考上了进士，从此开始在唐朝做官，一路升官晋爵，在唐肃宗时曾担任左散骑常侍兼安南都护。晁衡是一位出色的诗人，他与李白、王维、储光羲等当时的名士都是很好的朋友。晁衡曾奉唐玄宗之命，作为唐朝回聘日本的使节，乘船回日本。后来误传说船在途中遭遇大风，晁衡被溺死。好友李白听说后，悲痛地写下了《哭晁卿衡》，把晁衡的死比作明月沉碧海。安史之乱爆发后，晁衡曾陪同唐玄宗避难四川，后来返回长安，直到去世。晁衡在中国五十四年，历经玄宗、肃宗、代宗三朝，高官厚禄，备受重用。这样的殊荣，不知会让当时本国的士人有多羡慕。

我们应该都知道，元朝时有一个名叫马可·波罗的意大利旅行家来到了中国，后来还写了著名的《马可·波罗游记》，但我们或许不知道马可·波罗还曾经在元朝做过官。在十七岁的时候马可·波罗就跟着父亲和叔叔踏上了前往东方的旅程。他们见到了元世祖忽必烈，忽必烈很赏识这个勇敢的年轻人，曾留他在元朝当官。聪明的马可·波罗学会了蒙古语和汉语。在中国的十七年间，他曾奉命巡视各地，在扬州当过总管，还出使过南洋。他见到的中国的美丽与富饶，后来都写进了游记里。

明朝时，有一个名叫约翰·亚当的传教士来到了中国，他把德文姓名"亚当"改为发音与其相似的"汤"，"约翰"改为"若望"，正式取名汤若望，字道未，"道未"二字出自《孟子》"望道而未见之"一句。从此在中国生活四十七年，直到去世。汤若望很钦佩之前来到中国的意大利传教士利玛窦，他追随利玛窦的脚步，来到了北京。他知识渊博、才能出众，数理、天文知识尤其出色，很快得到朝廷的赏识，成为了明朝的"洋官"，负责天文历法方面的事务。后来明朝灭亡，清朝建立，汤若望受命继续修正历法。汤若望曾为崇祯皇帝造火炮，曾用中文写书，介绍伽利略望远镜。他还创作或翻译了几十种有关西方天文地理、宗教、数理等的书籍，成为中西文化交流的一座桥梁。我们今天所用的农历，就是汤若望在明朝前老农历的基础上加以修改而成的"现代农历"。

清朝时，也有一位意大利人在中国生活五十年，曾是三品高官，这个人就是郎世宁。郎世宁是康熙朝、雍正朝和乾隆朝的宫廷画师，还曾参加过圆明园西洋楼的设计。他对中西绘画艺术的交流做出了突出的贡献。他向中国画师学习，吸收传统中国画的精华，又把欧洲的绘画技法教授给他们，融汇中西技法，创造了新的画风。郎世宁的作品精细逼真，使清代宫廷绘画呈现出"中西合璧"的独特风格。无论是人物、肖像画，还是鸟兽、山水画，郎世宁都很擅长，我们如果去参观故宫，能经常

台北故宫博物院藏郎世宁《百蝶图》

见到他的作品。来到中国之后，郎世宁再也没有离开，他死后就葬在北京，乾隆亲自为他撰写了墓志铭，可见皇帝对他的器重。

81

古代也有"驻京办"吗？

我国地域广阔，为了方便中央和地方之间的信息沟通，现在很多省、直辖市、自治区、特区等都在北京设立了"驻北京办事处"。古代是不是也有"驻京办"呢？事实上，早在汉代，就有这样的机构了。

位于北京市西城区虎坊桥的北京湖广会馆

汉代有级别不同的"驻京办"。级别最高的是国邸，它是专门接待前来朝见皇帝的诸侯王及其随从的。又有郡县制背景下的"郡邸"，地方派出"驻京代表"，负责定期把皇帝的圣旨、臣子的奏议以及宫廷大事等，通过信使传送给各郡长官。

唐朝时的"驻京办"称为进奏院。唐朝在边境地区设立藩镇，设置节度使，节度使在京城设立的办事机构称为"上都知进奏院"，简称"进奏院"。进奏院只对地方节度使负责，负责协调节度使与中央政府间的关系,办理藩镇和朝廷联系交涉的各项事宜,以及为地方采编、通报京城的各类政治信息等。在以"道"划分全国的背景下,唐时又有"诸道进奏院",是"道"在京城的办事机构。唐时的进奏院还一度承担起银行汇兑的职能。宪宗朝时,在京师的外地商人,将钱款交付各道进奏院后,会得到类似今天支票的凭证,这样无论是进京还是回地方,都可以轻装上路了。宋代时,进奏院在性质和职能上发生了一些改变。它的官员改由中央委派,负责定期把朝廷政令送达地方,它还逐渐成为官员、名士们的社交场合。曾在进奏院任职的北宋著名文人苏舜钦,因在祭神期间出售废纸,筹钱来招伎设宴,被政敌举报,他和十余名士得罪被逐,这就是著名的"进奏院狱"。

元代时,进奏院被废止,但到了明清时,会馆应运而生。较之前代,会馆的出现带有民间自发性。一方面,明清时期工商业得到了较快的发展,一些商人为了维护利益、协调关系,建立了会馆。这种会馆因为受到行业的制约,所以又称"行馆"。另一方面,明清时科举兴盛,科考会试会吸引来自全国的成千上万名学子和随从,学子们在京城举目无亲,人生地不熟,又常囊中羞涩,所谓"老乡见老乡,两眼泪汪汪"。又举子高中始终是一方的荣耀,出于地缘之情,同乡的官僚、商人们会筹措资金,购置房产,建立会馆。因为与科举考试息息相关,这类会馆也称"试馆"。除了为同乡举子、来京官员提供落脚地,为同乡聚会提供场所等,试馆也有维护家乡人民在京的合法权益等作用。渐渐地,会馆也就成了沟通地方与京师的桥梁,成为政治、社会、文化活动的重要场所。

会馆林立,成为旧时北京一道独特的风景。根统计,1949年时北京有大小会馆500多座!它们多集中在前门、宣武门、崇文门外。今天,我们还能看到汀州会馆、平阳会馆、晋冀会馆等。

82

"门当户对"在旧时指男女双方社会地位和经济情况相当，很适合结亲。那么，如何才能"门当"？怎样才算"户对"？

我国著名的戏剧《西厢记》讲了一个曲折的爱情故事：故事的女主角是一个叫崔莺莺的名门闺秀，男主角是一个叫张生的来自贫寒家庭的穷书生，两个人虽是真心相爱，却无法正大光明地在一起。因为崔莺莺的母亲认为张生只是一介书生，而自己的女儿则是名门闺秀，这"门不当，户不对"，怎么能同意他们结婚？于是，崔老夫人便给张生提出了一个条件：只要张生进京赶考取得功名，做了大官，就可以娶自己的女儿。因为这样，这门亲事才称得上"门当户对"。

后来，张生真的考取了功名，在经历了种种磨难后，有情人终成眷属。现实生活中，我们也经常听别人说起婚姻恋爱，必须要门当户对才行。可是如何才能"门当"，怎样才算"户对"呢？

原来在古时候，"门当"和"户对"是家门上或门前的建筑装饰品。但是，你可别小瞧了这两种装饰品，它们其中可有不小的学问！

古代大户人家的家门是很有讲究的，这个家庭的地位和财力，从大门的装饰就能看出个门道。先说说这个"门当"，门当又俗称门墩，形状有圆形与方形之分。如果一家门口摆放着圆形的门当，就说明这家家长为武官，圆形门当象征着战鼓；如果一家门口摆放着方形的门当，就说明这家为文官，因为方形门当代表着砚台。除此之外，门当上雕刻的花纹也能体现出这家人从事的行当。官宦府第家的门当有形状的不同，但是上面都没有花卉等图案，如果哪一家的门当上刻着花卉图案，那就说明这家人是经商的世家。

北京四合院的门当和户对

说完"门当"，我们再来说说"户对"。"户对"广泛用于我国传统的古代民居，尤其是四合院的大门顶部，是装饰门框的部件，通常成对出现，一般是六角形的方木或圆木。这"户对"的数量可是大有讲究的：门楣上如果有两个户对，那这家就是五至七品的官员；门楣上有四个户对的，是四品以上官员；门楣上有十二个户对的，则只能是亲王以上的品级才能用，也就是说，只有是皇上封为王侯的，才有资格嵌十二个户对！

由此看来，古代的"门当"和"户对"不仅仅是建筑上的装饰，而且还是一个家族身份地位的象征。所以在婚嫁之前，古人都要考察一下男方家庭的大门，看看他的家庭与自己家是不是在相同或者更高的社会地位上。于是，"门当"和"户对"就成了衡量男女婚姻对等与否的重要标准。

其实，除了"门当"和"户对"，古代每家每户门前的台阶也是不能随便修的。比如，七品和六品官员的门前，台阶不能高于二级；五品官门前台阶不能高于三级；除了皇上，其他臣子家的台阶都不能超过八级，因为超过八级就是九了，除了皇帝，谁家的台阶都不能使用这个代表顶点的数目。

看来，门当户对的婚姻观念，也有很久远的历史了。现代社会的你，也同意这样的婚恋观吗？

83

抱拳的时候是要左手抱右手呢，还是右手抱左手？

中华民族历来是个礼仪之邦，对于"礼"的表达从言谈到举止都有许多独特的说法和规定，"抱拳礼"就是其中之一。"抱拳礼"又称之为"作揖礼"、"拱手礼"，据史料记载源于周代以前，至今已有三千多年的历史，是彼此见面打招呼时或表示感谢时常用的一种行礼方式。《论语》里就有"子路拱而立"的记载。

行抱拳礼时有些动作要领是必须遵循的，不规范往往会被认为是不真诚的表现。要求行礼时并步站立，左手四指并拢伸直成掌，拇指屈拢；右手成拳，左掌心掩贴右拳面，左指尖与下颏平齐。抱拳礼右拳眼斜对胸窝，置于胸前屈臂成圆，肘尖略下垂，拳掌与胸相距20—30厘米。左手与右拳呈抱握姿势以后，两臂屈肘抬至胸前，有节奏地晃动两三下，目视对方，面含微笑，并说出自己的问候语。

但是必须说明的是，中国古代抱拳礼是男女有别、吉凶有别的，抱拳不能乱抱，否则在交际中会起到截然相反的效果。吉事为阳，凶事为阴。男子为阳，男子以左为尊，女子为阴，女子以右为尊。也就是男子用

清代作揖礼

左手握右手，右手握拳在内，左手在外，这称作"吉拜"，女子相反；如果是去吊丧，参加丧礼行抱拳礼时，男子为右手在外，左手握拳在内，成为"凶拜"，女子相反。见面作揖抱拳可不要弄错了方向，否则是相当不礼貌的。

中国的抱拳礼和西方的握手礼、吻面礼所要传达的信息基本都是一致的。拱手礼至今在武术界、长者之间以及一些民族风格比较浓郁的场合，仍然还会使用，但是在一些正式场合或隆重的仪式上都很少使用抱拳礼。主要适用的场合都是一些非正式场合或气氛比较融洽的场合，如民间见面、朋友约会、双方告别、春节团拜、宴会、晚会等，抱拳礼表示寒暄、打招呼、恭喜等。

84 我们经常用"腰缠万贯"来形容人很有钱，"万贯"究竟是多少钱？

古代中间有方孔的圆形铜钱大家都见过吧？古人认为"天圆地方"，从秦始皇推行半两钱开始，两千多年来人们使用的就是这种圆形方孔钱。这种钱币有一个好处，就是方便收整和携带——只要拿一根绳子把它们穿起来，就井然有序了，再多的铜板也不会丢三落四地满地跑了。"贯"的本意，就指的是用来穿钱的绳子。一枚铜钱为一文，由于古人常常用绳子把一千文钱穿成串，所以常用"一贯"来指称一千文铜钱。

"腰缠万贯"的故事，出自南朝梁代殷芸的志人小说集《小说》。里面记载了一则小故事：有几个朋友在一起交流志向，其中有人说希望做扬州刺史，有人说希望有很多钱，也有人说希望驾着仙鹤游天宫，结果最后一个人说他的志向是"腰缠十万贯"，驾着仙鹤遨游扬州。按照一贯钱为一千文来计算，这个人岂不是得在腰间缠绕一亿枚铜钱！且不说他有没有这么粗壮的腰身，带着这么多钱，又有哪只仙鹤能够带着他飞起来？当然，这个故事中"腰缠"的说法只是对古代常见的带钱方式的沿用，它指的是随身携带，"十万贯"也不是实指，而是泛指很多钱。

我们经常在古装影视剧里听到"盘缠"一词，这"盘缠"和"腰缠"就是同一个源头。古代没有支票、信用卡，纸币的普及也是很晚的事情了，铜钱就是人们日常使用的货币。古人出门办事，需要带上路上住宿和吃饭的钱，他们把钱穿好后盘起来缠绕在腰间，再拿上衣一掩，既方便又安全。渐渐地，"盘缠"一词就被用来指代旅费了，人们也常借用"腰缠"来指携带、拥有。

说到这儿，有读者朋友可能会建议说：铜钱也不轻，腰里缠个两三贯估计就够重了，不如带点银子来得轻便。可是你要知道，银子可不是人人用得起的，很多老百姓一辈子都没摸过银子，他们用的只是铜钱。而且，铜钱在当时的购买力也没有我们想象的那么低，出门办事一般带个几十文、上百文也就足够了。正以为如此，"腰缠万贯"才会被

圆形方孔钱的代表：汉代五铢钱

汉武帝元狩五年（前118）废三铢钱，改铸五铢钱。五铢钱的形制都有一定的规定，钱文"五铢"从此启用。五铢钱轻重适中，合乎古代社会经济发展状况与价格水平对货币单位的要求。因而在汉武帝以后的西汉、东汉、蜀、魏、晋、南齐、梁、陈、北魏、隋各代均有铸造，历时长达739年，是我国历史上铸行数量最多、使用时间最长的长寿钱。

认为是非常富有。古代一般一千文钱等于一两银子。现在的电视剧中，常有老百姓拿着银子上街买馒头，主角们抛出银锭子给店小二当小费的情节，这些都是现代人的臆想。鲁迅先生的小说《孔乙己》写的是清末的事。那时，孔乙己在柜台上排出九文大钱，就可以享用两碗温酒和一碟茴香豆。

85

很多人结婚或者开业都要选个好日子，什么是"好日子"？为什么也称"黄道吉日"？

我们有"择日不如撞日"的俗语，这句话说起来，总带有抛开诸般考虑，洒脱一回的意味。之所以如此，是因为我们中国人特别看重"择日"——结婚、开业、上梁、搬家等等，都要挑个"黄道吉日"才能安心、愉快地去办事。吉日就是吉祥的好日子，那"黄道"又是什么呢？

黄道，实际上是一个天文学术语，它指的是地球绕太阳公转的轨道平面与天球相交的大圆。简单地说，我们可以这样来理解：地球一年绕太阳公转一周，从地球上看是太阳在天空中移动365或366圈，太阳这样移动的路线，就叫做黄道。古人根据太阳在黄道上的位置变化和地面的气候演变次序，将一年划分为二十四个段落，分在12个月里，以月为基点，有建、除、满、平、定、执、破、危、成、收、开、闭等"十二建星"，反映着宇宙天体每一天的影响力。

我们现在想要查找一个黄道吉日，往往需要翻阅老皇历，这"老皇历"又是一种什么历法呢？所谓的皇历，是一部将年、月、日按照一定的历法排列，包括了天文气象、时令季节，并提供有关生活宜忌的书。皇历之所以为皇历，是因为在封建时代，它必须由皇帝审定，并且只能由官方印发。皇历记载了当年的历法，这一年过去后，需要更换新历法才能与时俱进，但由于皇历与皇帝、朝廷关系密切，所以旧历法也要认真保存，但旧历法前会被加一"老"字，称为"老皇历"。当然，我们今天所称的"老皇历"，也考虑到了它拥有1000多年历史这一点。今天，我们也常称"老黄历"，据说这是辛亥革命后帝制被推翻后所改的另一个称呼。

在老黄历上，我们会发现有类似这样的口诀：建满平收黑，除危定执黄，成开皆可用，闭破不能行。这就是结合"十二建星"，对每一天进行的吉凶分类了：它说的是建、满、平、收日不吉利，是"黑道凶日"；除、危、定、执日吉利，是"黄道吉日"；成、开日做什么事儿都可以，是"黄道吉日"；闭、破日什么事都不宜做，是"黑道凶日"。就这样，每天被人为地划分成了"黄道吉日"或"黑道凶日"。我国古代又常以星象来推算吉凶，于是又有"星煞"的概念。星煞有吉有凶，吉者曰星曰神，凶者曰杀曰煞。年、月、日、时都有神煞所主，吉日的选择主要是对日的选择，但也要综合考虑到年、月、时。"黄道"、"黑道"的神煞，有青龙、白虎、明堂、天刑、朱雀、金匮、天德、玉堂、天牢、元武、司命、勾陈，其中青龙、天

老黄历

德、玉堂、司命、明堂、金匮为六"黄道",这六神所在的日子就是所谓的"黄道吉日",这一天百事吉利,不避凶忌。

　　历法上的吉凶之说带有迷信色彩,有的根本就是无稽之谈。在今天,我们可以从古代历法中了解一些天文、地理、哲学等方面的常识。如果盲目地迷信附会,以至于束缚了手脚、影响了生活,那是不可取的。

86 为什么很多药店都叫"××堂",而很多饭店都叫"××居"?

　　在经济发达的今天,商铺遍布街巷,商铺的取名往往大有学问。其中有两类是非常有意思的,一类是以"堂"命名的店铺几乎都和"药店"有关,如北京的同仁堂、德仁堂、达仁堂、胡庆余堂等,"堂"作为中药铺似乎已成了约定俗成的识别标志。另一类是以"居"命名的商铺往往和"饭馆"有关,如砂锅居、福兴居。这其中有没有什么说法,为何会呈现出如此一致的规律性?我们认为这是有道理可言的。

　　药铺叫"堂"和医圣张仲景有莫大的渊源。张仲景是东汉末年人,当时战乱频仍,由此带来的瘟疫不断流行,张氏家族原本200多人在不到十年的时间内被瘟疫伤寒夺走一百多条

北京"砂锅居"招牌

命。张仲景为此潜心医术并不断总结临床经验，最终撰写成流传千古的《伤寒杂病论》。据说，建安年间他曾被委派为长沙太守，心系百姓的张仲景在公务繁忙之余仍不忘治病救人、惠泽百姓。他规定每月初一、十五两天，大开府衙，让患者到办公大堂来看病。张

"同仁堂"店面

仲景冲破官府的清规戒律，为病人诊脉开方、办公行医两不误的精神一时传为佳话。后世便用"坐堂郎中"、"坐堂大夫"来形容坐在药铺里给病人看病的医生。"堂"也因此而和药店、药铺形成约定俗成的联系，因而后世的药铺几乎都选用"堂"来称号。

以"居"来命名饭馆似乎是北京独有的现象，尤其是南方城市很少以"居"来命名。现在很多叫"居"的饭馆大都是有历史传承的老字号或模仿老字号再取的新名。在老北京的饭馆中，根据饭馆的大小规模大致分为：堂、庄、居。"堂"是最大的，往往中间有舞台或空地可供唱堂会，非常气派；第二大的是"庄"，只办宴席不办堂会。最小的称之为"居"，"北京八大居"基本上都是有各自特色菜的小饭馆。明清时的饭馆往往既可以住宿又可以吃饭。传说，明清时一般的地方小官员和进京赶考的秀才常常选择这些地方作为临时的落脚点和居所，因而往往以"居"来命名。

87

狮子和老虎都号称百兽之王,为什么中国人的家门口通常安放石狮子,而不放石老虎?

大家是不是也曾有过这样的困惑:经常听说老虎是百兽之王,额头上的"王"字宣告了它王者的地位,却又时常听说狮子凶悍威武,是百兽之王。这百兽之王的宝座,到底坐的是老虎还是狮子呢?放眼中国,从古代的衙门、宫殿、佛寺,到今天的银行、法院,门前经常会有一对石狮子,如此看来,我们中国人似乎对狮子比较偏爱。

事实上,中国本土产老虎,并不产狮子,狮子是如何成功"后来居上"为人们所偏爱的呢?西汉时,张骞出使西域,开辟了丝绸之路,狮子就是沿着这条东西要道进入中国的。典籍记载说,东汉时期,今天伊朗地区的王国,曾派商队沿着丝绸之路把狮子作为礼物送给汉朝。这种体形矫健、颈有鬣毛、威风凛凛的珍奇异兽,迅速吸引了朝廷和百姓的目光。它的到来,据说在当时的国都洛阳引起了不小的轰动。由于其新奇性和神秘性,狮子迅速赢得了中国人的喜爱,受到了热

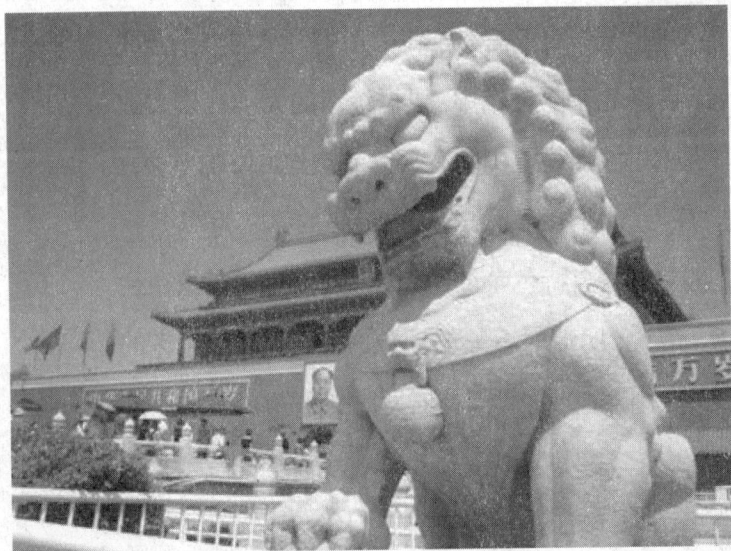

天安门前的石狮子

情的礼遇。

李时珍的《本草纲目》说狮子"为百兽长"。从汉代引入，到明朝时高居将老虎打败的"百兽长"的地位，狮子真可谓"平步青云"。究其原因，中国人对狮子的偏爱，还有很重要的宗教层面的因素。

东汉时，经由丝绸之路传入中国的，还有佛教。在佛教文化中，狮子是一种神兽。在老虎和狮子的霸气指数的对比方面，有人指出，狮吼响彻天地，狮子一吼百兽惊，这是令老虎也望尘莫及的。显然，佛教文化是认同这一点的。现在我们说起"狮子吼"，总会想起"河东狮吼"、彪悍妇人之类的，但佛教中的"狮子吼"，有着让人洞明世事的寓意。传说，佛祖释迦牟尼降生之时，"一手指天，一手指地"，作狮子吼曰："天上地下，惟我独尊。"又据说释迦牟尼宣扬佛法时，声音洪亮，震慑四方，犹如狮子吼。因此，在佛教中狮子代表了法力，认为佛是人中狮子，称佛说法为狮子吼。另外，狮子吼还是少林"七十二绝学"之一。随着佛教在中国的传播，佛教信徒对能够辟邪护法的狮子当然是喜爱非常和推崇备至。渐渐地，狮子融入了中华民族的生活，即使是在与佛教无关的情况下，人们也都纷纷对狮子这种瑞兽青睐有加。

石狮子的使用，几乎与狮子的传入同步。汉唐时，一些帝王和贵族的陵墓前就出现了石狮子。大约在唐宋之后，一些有钱人家为了彰显家门，把石狮子雕刻在柱石上。这一风气流传开来，石狮子渐渐走入了民间，慢慢成为了守卫大门的神兽。门前一对石狮，对于我们中国人来说，既起着艺术装饰的作用，又有着彰显权贵的意义，同时也蕴含着避邪纳吉、预卜消灾的寓意。

88 古人计时的工具是"钟表"吗?

我们今天有钟表可以看时间,古人当然也需要知道时间来安排作息。那在钟表还未发明的时代,人们要怎么知道时间呢? 测量时间这一难题,当然没有难倒我们聪明的老祖宗,他们的计时方法和计时工具,是非常有意思的。

钟表虽然是现代的发明,"钟"和"表"却是古而有之的名词。"钟鸣鼎食之家"的说法,大家可能都听过。"鼎食"是说用鼎来盛载食物,那"钟鸣"莫非说的是类似今天寺院敲钟的情况? 著名的曾侯乙编钟大家一定有所耳闻,那是一套战国早期的由六十五件青铜编钟组成的庞大乐器,按大小、音高不同悬挂于架上,用木槌击打,可以发出悦耳的音响。这种由金属制成的中空的乐器在青铜时代非常流行,它才是早期人们所说的"钟"。所谓的"钟鸣鼎食之家",说的就是春秋战国时击钟列鼎而食的贵族大家族,钟是象征着地位和权利的礼器。表,在古代所指较多,多指为了某一目的而设立的木柱或石碑,可以为作标记而立,为象征君王纳谏而立,也可以作为宫殿、桥梁、城垣或陵墓的建筑装饰,以显庄重、肃穆。今天,天安门广场前立有精美高大的华表,我们可以从中看到古代遗风。

表在古代还有一个意思,就是置于地面的用以测日影的标杆,这就与我们今天的手表有相同之处了。说到这儿,我们也正好来简要地说一说古代的计时器。

在不同时期,我们的祖先以当时可利用的条件,制造出了各种计时器。其中圭（guī）表是最古老的一种，古籍记载说早在周代时就有了。圭表由"表"和"圭"组成，表为直立于平地上用以测日影的标杆或石柱，一般高八尺，圭为正南正北方向平放的测定表影长度的刻板，它们的工作原理，就是"立竿见影"——利用太阳射影的长短来判断时间。通过圭表，可以测定冬至日，进而确定太阳年长度，同时可以通过观测表影的变化来确定节气。古代的日晷（guǐ），与圭表有着相似的工作原理。它通常由铜制的"晷针"和石制的圆盘"晷面"组成，通过观察日影投在盘上的位置来确定时间。相比圭表，日晷的精确度提高了不少，可以准确到刻，也就是今天的15分钟。

苏轼有词曰："缺月挂疏桐，漏断人初静。"说的是夜深了，人们静寂无声。这里的"漏"，就是我们要说的另一种古代计时器。漏，也称"漏刻"或"漏壶"，指的是铜壶滴漏。它的工作原理，是一个在壶底或靠近底部凿有小孔的盛水工具置于上

清华大学校园内的日晷

部，一个称为"箭壶"的容器在下接水，箭壶内有一根刻有标记的箭杆，用一个竹片或木块托着浮于水面，箭壶盖的中心开一小孔，箭杆从孔中穿出，随着箭壶内的水增多，箭杆也会慢慢往上浮，从盖孔处看箭杆上的标记，就能知道具体的时刻了。这一水时计的发明者，想来是费了一

番头脑。相传因为冬天水会结冰，影响漏壶的工作，后来人们用细沙代替，于是又出现了古代另一常见的计时工具——沙漏。

89 人们爱用"半斤八两"表达"差不多"，可半斤是五两，怎么会和"八两"差不多?

大家在生活中一定都听说过"半斤八两"这个成语，一般用它比喻彼此不相上下，实力相当，一般为贬义词，表示两个事物差不多，都算不上很好。

有人可能觉得古代人不会算数：半斤是五两，和八两差别可不算小。那到底是什么原因使八两等于半斤呢?

战国木衡与铜环权
木衡、铜环权为迄今为止考古发掘的最早的天平秤，是战国时期完整的权衡器。木质横杆不是后来杆秤的圆形，而是扁条形。根据权重可以看出当时就已使用十六两为一斤的计量方式。现藏于山东东方民艺博物馆。

这件事说来话长。我们知道，判断一个东西的重量，需要有个标准，标准怎么制定呢? 古代皇帝夺取天下之后，最重要的事情还不是封官赏爵，而是制定标准，如日期的标准、文字的标准等等，其中当然少不了度量衡的标准，长度、体积、重量都要执行统一的标准。只有有了统一的标准，才容易进行统治，所以秦始皇才会那么重视度量衡的统一。

我们只说衡（重量）的问题。什么东西的重量始终一样呢？最常见的有分量的东西是石头，石头有大有小，不行，鸡蛋也有大有小。后来古人想到了黍子的米粒，规定100个黍子米的重量作为一铢，24铢为一两，十六两为一斤。

《汉书》中说，宫廷中一种叫黄管乐器（一般也是礼器）的重量是12铢，两个黄管的重量就被规定为"两"。而"斤"这个字的本义是斧头，所以作为重量单位的"斤"很可能就是用一个比较标准的斧头的重量作为标准的。一个标准的斧头的重量和两个黄管之间的重量是什么关系呢？是十倍的关系呢？还是二十倍的关系呢？不好说。一般来说，古代大多都采用十六两一斤的换算关系。其原因，有人说是在秦始皇确定度量衡标准的时候，念念不忘要做到"天下公平"，而这四个字的笔画数正好是十六笔。也有人说，古代制作的十六两秤叫十六金星秤，是北斗七星、南斗六星加福禄寿三星组成的十六两秤。这种秤告诫做买卖的人要诚实，不欺不瞒，否则短一两无福、少二两少禄、缺三两折寿。

十六两作为一斤的换算关系传承了几千年。直到1959年，在确定我国的度量衡制度的时候，为了简便，也为了和国际广泛采用的"公制"接轨，所以确定一斤为十两，两斤为一公斤。尽管如此，成语中还是顽强地保留了古代的一些说法，半斤八两还是差不多的意思。

90

农历的十二月为什么又称为腊月?

台北故宫博物院藏清院本《十二月令之》十二月

农历十二月为冰天雪地的代名词,故又称之为冰月、严月。古人把农历十二月作为腊祭的日子,以狩猎禽兽祭先祖。据《荆楚岁时记》:"十二月八日为腊日。"到了秦朝时将十二月定为腊月,以后沿袭。画中人们有的闲立,有的取暖,儿童们有的滑冰,有的堆雪狮,有的放炮竹,玩得兴高采烈。一年的结束,预示着新的一年的开始。

农历的十二月又称腊月,是一年之中的最后一个月份。俗称为岁尾,有腊冬、残冬、腊月、冰月、余月、冬素等30多种称呼,其中,最为人们熟知的当属"腊月"。

那么,十二月为什么称为"腊月"呢?

其实,"腊"这个词有好几种含义。一种含义是"猎",中国进入农业社会以后,平时主要忙于农事,春种、夏耘、秋收,到冬天了,粮食已经收藏好了,没什么农活,就开始组织狩猎活动。一个是为了获得野味,另一个也是为了进行军事训练,所以比较受重视。再加上成群结队、带刀带箭的,也很热闹,是年轻人喜欢的活动。

第二种含义是蜡祭。到了年头岁尾,人们便要组织祭祀,祭祀的对象有祖先,也有百神。周朝时"腊"专祭祖先,"蜡"专祭百神。秦汉时统称为"腊"。祭祀的时候最主要的祭品是猪牛羊等等,这也和打猎有点关系。

第三种含义是腊肉。平时吃不完的肉食

采用盐腌、烟熏等方法加工之后，就变成了腊肉，可以储存很久。冬天没有别的事情，正好可以做腊肉。

此外，佛教还认为十二月初八是释迦摩尼得道成佛的日子。佛教传入中国后，每逢这一天都要举办各种各样的活动，最有名的就是施粥，将各种原料混合在一起熬制成一大锅粥送给人们喝，后来这种粥就被称为腊八粥。

91 人们在喝酒时经常猜拳行令，这行酒令是怎么产生的？

酒令，即行酒令，在中国有着悠久的历史，是中国人在饮酒时助兴的一种特有方式。它萌生于西周，本来是有关节制人们饮酒的律令、森严的礼仪制度。那时候，除设有专门"掌酒之政令"的酒官外，在酒宴上还设有专门监视人们饮酒的"监"、"史"，不管敬酒、罚酒，都要受到"监"、"史"的节制，不准饮酒过度，不准有失礼仪，违者予以惩处。这种以强制性手段确立的酒法，是依法行礼的开始，也是酒令萌发过程中

南阳汉画像石中的《投壶图》

的一次飞跃，或可以定为准酒令的产生。

酒令正式诞生于2600年前的春秋初期。战国初期酒令由原来的节制饮酒转变为劝酒的性质，"礼"的内容也逐渐淡漠。到了晋代，石崇在他的金谷园别墅中宴客，不但令客人即席赋诗，而且规定"或不解者，罚酒三斗"，从此产生了正式的以诗为令进行罚酒的酒令。

酒令由来已久，开始可能是为了维持酒席上的秩序而设立"监"。汉代有了"觞政"，就是在酒宴上执行觞令，对不饮尽杯中酒的人实行某种处罚。在远古时代就有了射礼，为宴饮而设的称为"燕射"。即通过射箭，决定胜负，负者饮酒。古人还有一种被称为投壶的饮酒习俗，源于西周时期的射礼。酒宴上设一壶，宾客依次将箭向壶内投去，以投入壶内多者为胜，负者受罚饮酒。《红楼梦》第四十四回中鸳鸯吃了一钟酒，笑着说："酒令大如军令，不论尊卑，唯我是主，违了我的话，是要受罚的。"总的来说，酒令是用来罚酒的，但实行酒令最主要的目的是活跃饮酒时的气氛。何况酒席上有时坐着的都是客人，互不认识是很常见的，行酒令就像催化剂，顿时使酒席上的气氛活跃起来。

92 古代的政府也会安排公众假期，给人们放假吗?

节假日制度是中华民族传统文化的一个重要组成部分，源远流长。

古代对于一般老百姓特别是农民来说，其实没有什么休假不休假的，因为平时的时间就很自由，只要不误了农时，想做事就做，不想做事就不做。不过节日总是要过的，过节的时候是不用干活的，全家人聚在一起，准备特别的饮食，尽情喝酒、玩乐。

而对于政府工作人员就不一样了。因为说不定什么时候就有上级的通知、命令到达，或者有群众来伸冤、报案，所以一般不能随便离开岗位，甚至连请假都不允许（特殊情况如父母去世等除外）。不但不能请假，每天上班的时候还要点名，叫做"点卯"，点名的时间是在早上八点钟（卯时）左右。点名迟到的人会受到惩罚，有时甚至会被杀头。可见在古代当官是很不自由的，所以节假日对他们来说就显得特别重要。

节日主要有两种，一种是举行祭祀活动的日子，如春祭、腊祭等；另一种是节令，如新年、端午、中秋，以及冬至、夏至、春分、清明等等。这些节日再加上前前后后几天的时间，官员可以不上班。这里面，有些重要的节日如元日（就是新年）、冬至、清明等，本身也是重要的祭祀活动日，所以唐代法律规定放假七天，其他的节日一般放假一天到三天。当然不同朝代的情况也有所不同。

另外一种休息日是根据日期安排的。从朝廷来说，每逢初一、十五，皇帝不上朝，大臣就可以歇一歇了。这样每个月可以说有两个固定休息日。到了清代晚期以后，西方的"星期"观念才传入中国，每周休息一天才成为制度。并最终演变成现在一星期休息两天的双休日制度。

93

除了红茶、绿茶外，还有别的颜色的茶吗?

茶与可可、咖啡并称当今世界三大无酒精饮料，居世界三大饮料之首。我国不仅是世界上著名的产茶大国，而且茶也已经成为中华文化的重要元素之一。我国茶叶的品种十分丰富，那么除了最常见到的红茶、绿茶外，还有什么别的颜色的茶吗? 红茶绿茶真的仅仅是根据颜色来分类的吗?

根据茶的制造方法和品质上的差异，我们将茶分为绿茶、红茶、青茶、白茶、黄茶和黑茶六大类。下面我们来看看这六种茶叶到底有什么不同。

绿茶是不发酵茶，它是经过高温杀青后，保持了茶叶嫩叶原有的青绿色泽。这里所说的杀青，可不是拍电影里面讲的杀青，而是制造绿茶的第一道工序，具体的做法就是给茶的嫩叶加以高温，让茶叶中的水分蒸发出去，这样茶叶就会变软，然后方便揉捻成型，进行下一道工序。

绿茶沏出的茶色是色绿汤清，味道是香气清幽。绿茶中最有名的就属龙井茶了，极品的龙井茶闻着香气四溢，喝到嘴里

明代唐伯虎《品茶图》

香气淡雅，咽下去之后会觉得茶香弥留在唇齿之间，充溢在胸腹之中。我国产的上好的绿茶有西湖龙井、洞庭碧螺春、信阳毛尖、黄山毛峰等。

红茶是全发酵的茶，而且与绿茶不同的是，红茶加工时不经杀青，而是让茶叶萎凋，使鲜叶失去一部分水分后再揉捻，然后进行完整发酵，使茶叶中一种叫做茶多酚的物质氧化，变成红色的化合物。这种化合物一部分积累在叶片中，一部分溶于水中，从而形成红汤、红叶。红茶主要有小种红茶、工夫红茶和红碎茶三大类。其中，主产于安徽省祁门县的祁门工夫红茶，可谓红茶中的珍品。

青茶是一种半发酵茶，它的特征是茶叶的中心为绿色，边缘为红色。因此，青茶是介于红茶和绿茶之间的一种茶，它的味道既有绿茶的鲜香，又有红茶的醇厚，香气持久，独具特色。在我国，铁观音、大红袍、乌龙茶，都是著名的青茶。

白茶是一种既不发酵也不揉捻的茶，它的制作工艺是将叶背满是茸毛的嫩叶晒干，或者用文火烘干，因而使茶叶背面的白色茸毛能够完整地保留下来。白茶的味道甜醇，茶色略黄，茶叶带有银花色泽。白茶中以银针白毫最为名贵，"白牡丹"、"贡眉"、"寿眉"也很著名。

黄茶属于发酵类的茶，它与绿茶有很多相似之处，但是在制作工艺上，与绿茶最大的区别就在于白茶的"闷堆"上。所谓"闷堆"，就是将锅炒的茶叶，堆积盖布闷黄。正是因为这道工序，才形成黄茶的黄叶黄汤，代表性的茶叶有蒙顶黄牙、霍山黄芽。

最后一种，就是黑茶。这是一种后发酵茶，而且制茶的原料老粗，堆积发酵的时间也比较长，所以茶叶呈暗褐色。黑茶是藏族、蒙古族、维吾尔族人民生活中必不可少的饮品。黑茶的代表就是云南的普洱茶。

了解了这六大种茶叶以后，你想不想亲自去尝一尝品一品呢？

94

古代的"茶博士"是关于茶叶的学位吗?

如今我们国家的学位分为三级,分别是学士、硕士和博士。博士是最高级的学位(所谓博士后是取得博士学位之后继续从事学术研究工作的一种经历,不是学位)。但是你知道吗?"博士"本来是一种官名,战国时代就已经有了,主要负责和文献、学术有关的一些工作,这时候的博士主要是取其"博",知识面宽。到了汉代,朝廷特别为某些重要的经典文献设置了博士官职,专门负责某一经典的整理、研究和教学工作,称为"五经博士",这时候的博士差不多就已经成了某一方面的专才了。

唐代以后,博士作为官职,主要负责国立大学(国子监)的教学工作,其类别也不限于五经,还包括数学、医学、法律等等。此外,从唐代开始,有一种不起眼的职业,也被称为"博士"了,这就是卖茶的人,特别是茶馆里负责倒水泡茶的人。据说,这和"茶圣"陆羽有很大的关系,陆羽对茶有着非常深入的研究,对茶的种类,泡茶、喝茶的方法等等都了如指掌,甚至连皇帝见了都赞叹不已,直接称呼陆羽为

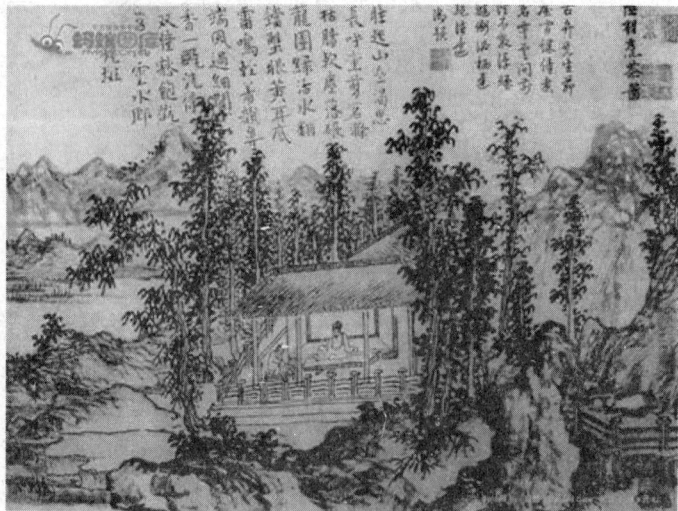

台北故宫博物院藏元代赵原《陆羽烹茶图》(局部)

"茶博士"。

从此以后，人们对于茶馆里跑堂的店小二就有了这样一个半是尊敬半是戏谑的雅号。不过从前没有广播电视，也没有像样的报纸，茶馆是人们闲暇时最愿意去的地方，各种各样的消息在此汇聚、扩散，所以这些跑堂的大都见多识广，了解的信息倒也的确比一般人要多，而且有的跑堂的也练就了一身高超的煎茶（过去喝茶都是要煮的）、倒茶技术（这些现在被称为茶艺），龙飞凤舞一般就可以把客人的茶碗倒得恰到好处，称他们为"博士"倒也不枉。

除了茶博士之外，别的行业称"博士"的真还不算多，有人说磨工也有被称为"博士"的，估计也是因为磨房同样是人群聚集、信息集散之地，磨工和茶馆跑堂一样都多见多闻吧？

95

古人住四合院有什么讲究吗?

你知道中国有哪些独具特色的传统民宅吗? 西北黄土高原上的窑洞，东南客家人的土楼，江南水乡的天井都是具有地方特色的中国传统民宅建筑。除了这些，还有一种有着悠久历史的院落型住宅，这种庭院式的建筑形式几乎遍布全国各地的城镇乡村，其中最为著名的代表，就是老北京四合院。四合院的建筑风格匀称规整，坐北朝南，对外封闭对内开放，是北方庭院建筑的代表。它不仅在建筑布局上对称整齐，而且也承载了很多封建社会的文化和礼教。那么古人住四合院有什么讲究

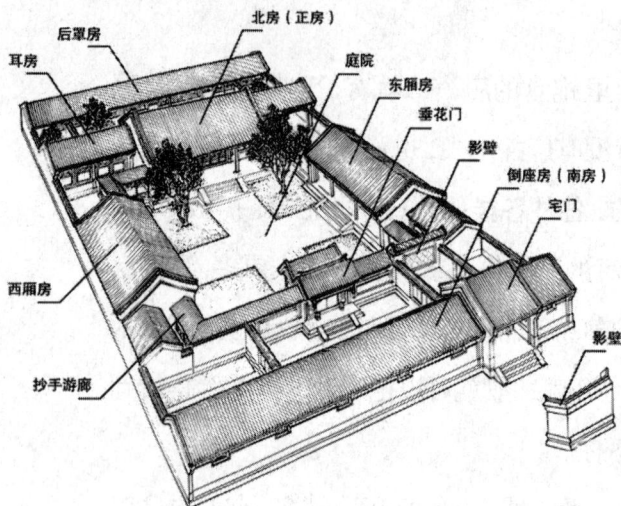

老北京四合院平面示意图

呢？四合院里的房间都是给谁住的呢？

从古至今，中国的建筑都是"坐北朝南"，因为面向南面的屋子不仅能够在冬天抵挡刺骨的西北风，还能在夏天享受凉爽的东南风。四合院中的"四"代表"东、西、南、北"四个方向，因此，在四合院里最好的房间是北房，也叫正房。正房一般都有很高的台阶，房间也很大很深，这间条件最好的房间是给家中长辈住的，是"一家之主"的专用房间。

四合院东西两侧的卧室叫做厢房，是给"家长"以下的晚辈住的。可即使是厢房，也有尊卑之分，古人以东侧为尊，因此，在一夫多妻的制度下，东厢房给丈夫的正室，其他的妾室只能住在西厢房。

在四合院里，长辈和晚辈之间的地位在房间上有着鲜明的体现，这也是古代中国"长幼有序"、"父父子子"等级观念的表现。同样，"男尊女卑"的观念也在四合院的规矩里展现得淋漓尽致。我们常说："大家闺秀大门不出，二门不迈。"这是为什么呢？

四合院里通常有两道门，第一道门是院门，也就是"大门"。古代的四合院东西厢房之间有一道隔墙，"二门"就是指这道墙上修建的豪华的"垂花门"。"二门"把四合院分为内外宅，古代大户人家的大小姐平时没有重大活动是不出这道门的，家中的男仆一般也不能进这道门。

因此，有身份的大家闺秀在古代都是"大门不出，二门不迈"，由此可见，古代女子的生活真不自由！

除了这些，四合院里还有位于院落中间的庭院。这是四合院整体布局的中心，也是人们户外活动的主要场所。古人在院子里可以赏花逗鸟，休息纳凉。想一想在夏季的午后，听着草丛里蛐蛐儿的欢畅，欣赏着争奇斗艳的鲜花，迷迷糊糊睡上那么一觉，是不是很惬意？四合院关起门来，是一个封闭的宅子，自成天地，也许这也是古人保护自家隐私的一种方式吧！

方方正正的四合院里，原来有这么多讲究，它不仅仅是驰名中外的建筑形式，还是古代中国封建社会伦理文化的载体。如果有机会参观北京的四合院，你会不会细细找寻一下这些传统礼教的"蛛丝马迹"呢？

96 现代人送别亲友的时候要吃饺子或者喝酒为其饯行，古人是怎么送行的呢？

"长亭外，古道边，芳草碧连天。晚风扶柳笛声残，夕阳山外山。天之涯，地之角，知交半零落，人生难得是欢聚，惟有别离多……一壶浊酒尽余欢，今宵别梦寒"这首感伤唯美的诗是一首歌的歌词，这首歌叫做《送别》。诗中描绘的是夕阳之下，朋友间难舍难分、不忍离别的情景。我们现代人，在给亲友送行时，总是要做上一桌丰盛的菜肴，而且一定要吃饺子，喝点离别前的酒。那么，古人在为亲朋好友饯行的时候，

天一阁图书馆藏清代陈韶绘《鄞江送别图》（局部）

《鄞江送别图》描绘的是清康熙十八年（1679），清廷开明史馆鉴于万斯同在明史研究中的成就，邀请他赴京修《明史》，好友为其饯别的历史事件。

有什么习俗呢？

上面提到的那首诗，第一句就说到了送别的地点"长亭外"。在古代，为了方便旅人休息，驿路上亭子很多，几乎是十里一个长亭，五里一个短亭。于是，在上路之前，"长亭送别"便是古人为朋友饯行必不可少的礼节。在很多很著名的古诗词里，都有对长亭送别的描绘。如李白的《菩萨蛮》中，就有"何处是归程？长亭更短亭"的诗句。柳永的《雨霖铃》，也有"寒蝉凄切，对长亭晚"这样悲凉忧伤的送别之景。在朋友骑上马背，策马而去之前的长亭送别，总是能引发送别之人慨叹悲伤的心情。所以，慢慢地"长亭"就成为了蕴含依依惜别之情的象征。

另外，古人还有一个"折柳赠别"的风俗。"柳"，谐音"留"，赠与朋友一枝柳条，表达了送别人对朋友的依依不舍之情，也表达了送别人希望朋友能够留下来的真情实感。于是，在临行前折一枝柳树，送给即将远去的朋友，也是古人表示思念牵挂的方式。正如隋朝无名氏的《送别》中所言："杨柳青青着地垂，杨花漫漫搅天飞。柳条折尽花飞尽，借问行人归不归？"

除了折柳，喝送别酒也是古人朋友间沟通感情的重要习俗。王维的《渭城曲》"劝君更进一杯酒，西出阳关无故人"的名句就是古人饮酒送别的最好例子。在朋友临行前，喝上几杯酒，说上几句祝福的话，也是古人饯行的重要习俗。无论是古代人还是现代人，在心情难过压抑之时，很多人都想喝点酒来释放缓解一下抑郁的心情。因此，朋友送别之际，自然也少不了离别的酒，举杯之时，也是朋友间无言的交流。

除了折柳、喝送别酒，唱歌送别也是古人为朋友饯行的习惯之一。说到唱送别歌，就不得不提到李白的好朋友汪伦。李白在拜访完汪伦临行之际，汪伦不仅设宴为李白饯别，在李白登上桃花潭中的小船正要出发的时候，忽然听到岸上传来阵阵歌声，回头一看，原来是汪伦带着村民在岸上为自己唱歌送别。此情此景让李白深深感动了，于是，李白立即铺纸研墨，当场写了那首著名的送别诗《赠汪伦》：

李白乘舟将欲行，忽闻岸上踏歌声。

桃花潭水深千尺，不及汪伦送我情。

原来古代人有这么多为友人送别的风俗，如果你要给朋友送别，你会怎么做呢？

97

在我国很多地方为什么清明节要插柳枝？

在你的家乡，清明节有什么习俗呢？除了扫墓，有没有在屋檐下插上柳条的风俗？清明节的时候，正值柳树发芽的时节，在我国的很多地方，都有在这一天插柳枝的习惯，你知道这是为什么吗？

这个故事要从春秋五霸之一的晋文公讲起。晋文公又叫重耳，在成为国君之前，是春秋战国时期晋国的公子。重耳年轻时为了躲避祸害，流亡出走。在流亡期间，他受尽了苦难屈辱，身边的臣子也陆陆续续地离开了他，各奔前程。在留下的几个人中，有一个叫介之推的人对重耳非常忠诚。有一次，重耳在流亡的途中饿昏了过去。介之推为了救活重耳，

清明折柳习俗剪纸

不惜从自己的大腿上割下了一块肉，烤熟了给重耳吃。经历了十九年艰难的流亡生涯后，重耳回到晋国成为了国君，也就是后来的晋文公。

重耳执政后，开始大加封赏这些年对他忠心耿耿的臣子，但是唯独忘记了曾经割肉救他的介之推。在别人的提醒下，晋文公猛然想起了当年对他有救命之恩的介之推，于是马上派人去找介之推，但是请了几次，介之推都没有来。于是，晋文公亲自来到了介之推的家里，可是却发现介之推的家房门紧锁，空无一人。原来，介之推得知晋文公要来，带着自己年迈的母亲连夜躲进了当地的绵山之中。

于是，晋文公派兵搜山，却始终没有找到介之推和他的母亲。这时，有人给晋文公出了一个主意——放火烧山。在山的三面放火，留下一面，介之推为了逃命一定会从没有放火的一面出来。于是，晋文公便下令在绵山上放火，想逼出介之推。可是谁知，大火烧了三天三夜也不

见介之推的身影。等大火熄灭才发现，介之推母子二人抱着一棵被烧焦的大树，已经死了。晋文公见状，不禁失声痛哭了起来。在安葬遗体时，晋文公在那棵柳树的树洞里发现了一片衣襟，上面是介之推的一首血诗：

> 割肉奉君尽丹心，但愿主公常清明。
>
> 柳下作鬼终不见，强似伴君作谏臣。
>
> 倘若主公心有我，忆我之时常自省。
>
> 臣在九泉心无愧，勤政清明复清明。

晋文公将血书藏于袖间，把介之推和他的老母安葬在这棵柳树之下，并下令将放火那天定为"寒食节"，举国上下不能生火做饭，只能吃寒食，以纪念介之推。

第二年，晋文公带着群臣来到介之推的坟前祭奠。当众人走到介之推的坟前时惊奇地发现那棵被烧死的老柳树竟然复活了。新发出的柳条随风飘舞，生机盎然。晋文公望着复活的柳树，仿佛看到了生前的介之推。于是他走到树前，摘下了一条柳枝，编成一个圈戴在头上，以此表达对介之推的怀念。后来，晋文公在介之推血书的鞭策下，励精图治，清明执政，不仅让晋国的百姓安居乐业，而且也成就了自己春秋霸主的功绩。

后来，在清明节吃寒食、插柳枝的风俗就这样流传了下来，介之推的忠心也感动了一代又一代人。

98

外国人称赞中国美食，世界各地都能找到中国餐馆，中国饮食文化到底有什么魅力呢？

有人说中国是一个"烹饪王国"，中国人自己也说"民以食为天"，关于饮食这个"大如天"的话题实在是一言难尽。我们粗略知道的就有鲁、川、苏、粤、浙、闽、湘、徽八大菜系。烹饪工艺技法复杂，有煎、炒、蒸、炖、焖、煮、溜、炸、煸、氽等等。而各地还有数不清的风味小吃、茶馆酒店、厨神饕客……那么中国饮食到底有着怎样的魅力可以"走向世界"呢？

一种事物能够形成一种特色文化，必然本身有明显的特性，包含着内在的主体精神，不然就不可能有生命力和吸引力。例如中国的饮食，表面上看是"吃吃喝喝"，是一种生理满足，但实际上借吃喝这种形式表达了一种丰富的文化内涵，已经超越了"吃喝"本身，获得了更为深刻的社会意义。中华饮食文化的精华简单地说就是重在营养，善于调味，美在造型，益于社交。营养是现代人追求健康饮食的标准，而味道是对人口腹之欲的最大诱惑，理想的饮食会在杯盘之上呈现一种色彩造型的美感，果腹充饥之外的宴饮场合更是中国人沟通情感的社交场合。另外，如果想在食材搭配上参悟道家的阴阳五行哲学、在用餐礼仪上体会儒家伦理道德观念，或是从菜名寓意中追寻古典艺术的内涵，从菜式演变上把握饮食风尚潮流，乃至借饮食分析中医养生学说、民族地域性格等，中国饮食文化无处不提供着鲜活的例证，隐藏着更深层次的"味道"。可以说，中国人的饮食是用舌头、用眼睛、用脑子和用情感的饮食，这就是一种独特的文化。

目前通过中西交流，人们饮食习惯的变化带来了饮食结构的多样性和包容性。一方面，西方人看到中餐于色、香、味、意、型之外尤其讲究营养，对于调整他们一部分高脂高糖的饮食习惯，追求健康生活提供了一种有益的启示。看到用筷子努

埃及的中国餐馆

力卷面条、用盖碗品茶的老外，我们都不再奇怪，这才是他们的生活时尚。另一方面，随着外国的饮食品种和生活观念被大量引入中餐，民间小吃、餐馆饭庄、饮品酒水都在不断包容西餐样式。中餐传统与国际口味交汇并存，为人们提供了更自由、更丰富的饮食选择。一些中西合璧的菜式，如可乐鸡翅、番茄芝士焗水饺渐被人们所接受，也正说明了中国饮食文化的多样性与包容性。

中国的饮食文化有着独特的内涵，也有着包容的品格，那么"怎能教人不爱她"？这就是其魅力所在吧。

99

为什么称他人的父亲、儿子是"令尊"、"令郎"，称自己的父亲、儿子就是"家父"、"犬子"？

称他人的父亲为"令尊"，称自己的父亲就是"家父"；称他人的儿子为"令郎"，称自己的儿子则叫"犬子"。其实这分别是对他人的敬称和对自己的谦称，是在汉语称谓系统里相对的两种称呼方式，表达了一种谦己敬人、注重礼仪的文化传统。实际上，一个合适的称谓是保障双方交际成功进行的前提。如果一个人开口准备和人对话，但是在最基本的称呼上把自己抬得很高，对对方毫无敬意，这种交流在中国恐怕是很难完成的。

《三国演义》里称曹操为"曹孟德"，称赵云为"赵子龙"或者文学史上称白居易为"香山居士"，称曾国藩"曾文正公"，都是用"字"或"号"来称呼的，不能直呼其名。另外，用一些通行的尊称，例如"公"、"君"、"先生"、"阁下"也可以表达对他人的尊敬。而像我们现在还保留着的"令尊"（尊称对方的父亲）、"令堂"（尊称对方的母亲）、"令郎"（尊称对方的儿子）、"令嫒"（尊称对方的女儿）、"尊夫人"（尊称对方的妻子）以及"贤弟"、"贤妹"则是在亲属称谓前面加了"令"、"尊"、"贤"这些美好的字眼，都是称呼对方亲属时很有恭敬之意的说法。

相应的，古人在说自己时的谦称也有好多种，会因身份而有所不同。一般人称自己可以说"鄙人"、"在下"、"小可"、"不才"，单个字可以说"仆"、"愚"。大臣在君主面前可以说"臣"、"微臣"，甚至说"奴才"、"奴婢"。下级官吏在上级面前说自己"下官"、"卑职"。君主自己称呼自己时说"寡人"、"孤"、"朕"。百姓在官员面前说"小人"、"贱民"。古代女子谦称自己为"妾"、"妾身"、"贱妾"。学佛修道之人称自己"老僧"、"贫尼"、"贫道"。所有这些都是古人对自己的谦称。如果是称自己一方的亲属时，还常加上"家""舍"等谦词。"家"是对别人称比自己辈分高、年龄长的亲属时用的谦词。如称自己的父亲为家父、家严；称自己的母亲为家母、家慈。其他的亲属还可称为家叔、家兄、家嫂等等。"舍"用来谦称自己的年幼亲属，如舍弟、舍妹。对于自己的妻子儿女则有"内人"、"贱内"、"犬子"、"不肖子"、"小女"等说法，连自己的房子都是"寒舍"、"舍下"。

看了这么多例子，我们会发现几乎所有的谦称都是用表示身份低、能力差、品德不足的词。比如"愚"是愚蠢的意思；"仆"原意是"仆人"，连帝王称自己的"寡人"也是"寡德之人"的意思，"犬子"就更不用解释了。尊称和谦称正好相反，多数用表示美好、高贵的字眼来显示敬意。这些体现了谦己敬人意识的称谓是汉语文化的一部分，其中许多词汇直到今天还有着蓬勃的生命力。

100 《百家姓》一共有一百种姓吗？中国的姓氏究竟有多少种呢？

《百家姓》、《千字文》、《三字经》、《幼学琼林》等是家喻户晓的中国古代童蒙读物的代表作品。《百家姓》是北宋时期杭州的一个书生将常见的姓氏用四字韵文汇编整理而成的，读来朗朗上口，便于记诵。

那么《百家姓》只是记录了100家的姓氏吗？中国历来是个人口大国，难道只有一百多个姓氏吗？

《百家姓》原书出来以后不断有改编本，到底收录了多少姓氏，至今仍有不同的说法。一说认为最初收录了411个姓氏，后来的改编本增加到了504个，其中单姓占444个，复姓占60个。另一说认为收单姓408个，复姓30个。因书成于北宋初年，故而把当时最显赫的"赵钱孙李"几大姓放在最开头，"赵"更是当时宋王朝的国姓。可见"百家姓"中的"百"并不是"一百"而是一个约数，极言其多。

另外，可以肯定的是，在当时姓氏肯定不止这四五百个，收录的这部分姓氏只是当时生活中比较常见的姓氏而已，由于该书具有童蒙识字教材的性质，很多难读难认难记或无法入韵的姓氏必然容易被排除出去。唐代初年编修的《大唐氏族志》收录293姓，唐代中叶林宝编撰《元和姓纂》，收入了姓氏1233个；宋朝人撰著《通志·氏族略》和《姓解》，收录的姓氏分别为2255和2568个。现代人编著的《中国姓氏大全》录姓氏5600多个，《中华古今姓氏大辞典》收录12000多个。这表明随着社会进步，经济文化的发展，中国的姓氏也是不断发展变化的。同时，由于种种原因，要想把所有曾经存在过的姓氏都

百家姓砖雕

收录到一本书中，也是有难度的。

　　《百家姓》和其他几本童蒙读物不同，它的文句没有太多连贯的文义，究竟为何选这样一部书作为启蒙读物呢？主要是因为这些姓氏在日常生活中都比较容易接触到，对于小孩子来说，可以在较短的时间内将文字与现实生活联系起来，收到快速识记四五百汉字的功效。